CRISE, KRACH, BOOM

MICHEL ALBERT
JEAN BOISSONNAT

CRISE, KRACH, BOOM

FRANCE LOISIRS
123, boulevard de Grenelle, Paris

Édition du club France Loisirs, Paris

ISBN 2.7242.4195.9
(ISBN 2.02.010087.8, éd. du Seuil)

INTRODUCTION

Le fil rouge

Dans les six mois qui viennent, la valeur de votre épargne peut augmenter d'un quart ou diminuer d'un tiers, voire plus. Dans les deux ans qui viennent, votre entreprise va peut-être prospérer ou faire faillite, selon que le dollar vaudra 7 francs ou 4 francs. En 1993, vous serez peut-être un Européen conquérant ou un Français désabusé, selon la monnaie dans laquelle vous escompterez votre avenir.

Inutile de multiplier les alternatives, la question est : pourquoi, à l'époque merveilleuse et dans les pays bénis où nous vivons, toutes ces montagnes, tous ces gouffres d'incertitudes absurdes ? Pourquoi cet affolement de notre électrocardiogramme collectif entre l'espoir d'un boom et la peur d'un krach ?

Pour une raison, une seule, qui va, *comme un fil rouge*, se dérouler tout au long de ce livre : les pays développés, qui ont tout pour le *boom*, font tant pour la *crise* qu'ils vont vers le *krach.*

Or, ils pourraient tout aussi bien prendre le chemin inverse. Comment faire pour cela ? Pour le comprendre, suivons le fil.

Tout pour le boom

Il faut oser le dire : dans l'ensemble, l'économie mondiale va plutôt bien, et elle peut faire encore beaucoup mieux. Elle a tout pour le boom.

Si nous nous bornions à signifier par là que, quelques mois après le krach du 19 octobre 1987, au lieu de l'effondrement redouté, nous bénéficions encore de la croissance de la production, on nous entendrait aisément. Ce n'est pas ce que nous voulons dire. D'abord, parce que cette expansion, alimentée par les déficits américains, est dangereusement artificielle. L'Amérique est semblable à la baronne de Nucingen, forcée de mener grand train parce qu'elle avait beaucoup de dettes ! Ensuite, parce que notre point de vue s'applique au long terme ; il vise la décennie plutôt que le semestre ou l'année.

Or ce qui frappe, sur le long terme, c'est bien que, malgré les deux chocs pétroliers, les dérapages inflationnistes et la rigueur des ajustements, il n'y a pas eu, depuis la Seconde Guerre mondiale, de véritable crise économique mondiale. Au contraire, bon an mal an, la croissance s'est maintenue, passant de 5 à 2 % l'an pour rebondir à 3 %. Des « pays en développement » se développent effectivement, au point que les peuples du Tiers-Monde, dans leur majorité, sont maintenant en pleine expansion grâce au grand basculement de l'Asie où s'observent les croissances les plus rapides. Sait-on que, même en Afrique, si, aujourd'hui, le revenu *réel* par habitant régresse, il a augmenté, en moyenne et en dollars constants, selon la Banque mondiale, de plus de moitié entre 1950 et 1985, passant de 513 à 880 ?

Mais, objectera-t-on, ne voyez-vous pas ici même, en France, le chômage et les nouveaux pauvres ? Réponse : ni le chômage ni les nouveaux pauvres ne sont des fatalités. Ils constituent le résultat de choix bien précis que nous avons faits, en France, et que nous avons maintenus obstinément depuis quinze ans. Ce sont, si l'on peut dire, des « productions » proprement nationales, sans rapport inéluctable avec le système d'économie de marché en tant que tel. La preuve : le chômage et les nouveaux pauvres n'existent guère qu'à l'état de trace dans les pays qui se sont occupés de traiter ces problèmes. En 1987, le taux de chômage s'est rapproché de 5 % aux États-Unis et il a été inférieur à ce chiffre au Japon (3 %), en Autriche (3,7 %), au Luxembourg (1,5 %), en Norvège (2,2 %), en Suède (2 %) et en Suisse (moins de 1 %).

En vérité — il faut le répéter —, jamais l'économie mondiale n'avait été aussi généreuse, aussi bienfaisante, pour un aussi grand nombre d'hommes. Pourquoi ? Parce qu'à notre époque, plus qu'à aucune autre, les hommes ont appris à échanger toujours davantage leurs produits et leurs services. De plus en plus, les sources principales du progrès économique sont des populations éduquées, des innovations techniques et l'économie de marché. Or, les hommes se multiplient : 1,7 milliard au début du siècle, 2,5 vers 1950, 5 aujourd'hui, 6 à la fin du siècle. Ils sont de mieux en mieux éduqués. Ce qui en fait, simultanément, des producteurs compétents et des consommateurs gourmands.

Les découvertes scientifiques s'enchaînent avec leurs traductions technologiques dans les laboratoires et les ateliers des entreprises : informatique, télécommunication, bio-industrie. Là-dessus se greffent l'élargissement des échanges et leur intensification. Encore en 1987, les échanges internationaux se sont accrus de 4 %.

Qui parle de protectionnisme ? Ceux qui veulent le dénoncer chez les autres pour excuser leurs propres faiblesses. A l'échelle de l'Histoire et malgré toutes les résistances encore présentes aujourd'hui au libre échange, c'est l'inverse qu'on observe.

Le plus grand changement depuis un demi-siècle est probablement cette invulnérabilité nouvelle de l'économie mondiale au protectionnisme. Elle vient de s'incarner en un symbole. Nous voyons aujourd'hui, pour la première fois dans l'Histoire, un gouvernement faire de la propagande pour que la population augmente ses achats de produits importés. Et quel est ce gouvernement ? Celui dont la tradition et la réputation de protectionnisme sont les plus fortes et les mieux préservées, le gouvernement japonais ! Vous voyez ça, vous, un gouvernement français qui lancerait le slogan : « Achetez non français ! » (chapitre v) ?

Le Japon lui-même est ainsi en train de découvrir qu'il a sûrement intérêt à ouvrir ses frontières. Rien ne justifie mieux notre parti d'optimisme sur *l'économie* mondiale. Mais pas sur les *finances* mondiales.

Tant pour la crise

En effet, les finances mondiales, elles, vont mal.

Aux États-Unis, le taux des prêts bancaires aux meilleures entreprises *(prime rate)* est passé, au cours de la même année 1980, de 19 % en janvier à 8 % en juillet, puis à 20 % en décembre. Que penserait le médecin d'un patient dont la tension artérielle subirait de tels à-coups ? En quelques années, la valeur du dollar en francs a varié du simple au double, puis du double au simple. Pourquoi ? Au cours de la seule journée du lundi noir, le 19 octobre 1987, la baisse relative de la valeur de capitalisation des Bourses mondiales a été plus forte (moitié plus forte !) que celle du jeudi noir de 1929, ce qui représente 1 700 milliards de dollars, 50 % de plus que toute la dette des pays du Tiers-Monde (chapitre I) !

Ces perturbations ne sont pas le fait du hasard, mais le résultat d'une logique implacable qui inscrit, dans le fonctionnement financier et monétaire du monde actuel, une loi de déséquilibre croissant. De la Seconde Guerre mondiale jusqu'aux années soixante, la vigueur de la croissance s'est accompagnée de fluctuations modérées. Mais, depuis près de trente ans maintenant, nous sommes entrés dans les « trente fiévreuses » (chapitre II), période caractérisée par une succession de chocs, de crises, de zigzags entraînant des contre-chocs et des surréactions qui se propagent depuis les prix de la consommation jusqu'à ceux du pétrole, des taux de change aux taux d'intérêt, dans une incohérence et une fragilité grandissantes et qui risquent à tout moment d'aboutir à ce que le Belge Ilya Prigogine, prix Nobel de chimie, appelle « l'effet papillon » : un battement d'ailes de papillon à Tokyo peut provoquer un ouragan à New York si ce souffle imperceptible se propage et s'amplifie par suite de la rencontre aléatoire de circonstances favorables.

Pourquoi ce contraste entre une économie qui va mieux qu'on ne le dit et des finances qui vont de mal en pis ? Parce que nous n'avons pas les institutions de notre économie.

L'économie actuelle tend à s'homogénéiser, à s'unifier, à devenir une « économie-monde » pour reprendre une expression à la mode depuis Fernand Braudel. Les économies nationales, traditionnellement fragmentées par divers protectionnismes, sont l'une après l'autre obligées, pour progresser, de s'ouvrir à la circulation des biens et services en provenance de l'étranger. Or, très curieusement, depuis le début des « trente fiévreuses », les finances publiques, au lieu de se mondialiser et de s'homogénéiser comme l'économie de marché, ont, elles, tendance à se renationaliser et à se dissocier, le Système Monétaire International (SMI) se fragmentant en plusieurs dizaines de monnaies nationales de plus en plus agitées par des crises d'épilepsie.

Voilà le début du fil rouge.

L'économie mondiale ressemble à ces grandes métropoles, à ces villes-champignons des pays en développement, où l'enrichissement se mesure à l'augmentation de la circulation automobile. Mais les automobilistes n'ont pas encore tous compris que pour bien circuler il faut des règles, des institutions, des permis de conduire, des droits de priorité, des feux rouges aux carrefours et des interdictions de stationner sur les trottoirs. Pas de libre circulation sans de fortes institutions, c'est ce que notre époque est assignée à découvrir.

Le paradoxe veut que, pendant longtemps, les hommes ont produit beaucoup d'institutions et peu de richesses. Depuis trente ans, c'est le contraire : alors que l'humus de l'économie fécondé par la science nous offrait tout *pour le boom,* le désordre qui s'est établi dans les finances publiques et les relations monétaires internationales a fait *tant pour la crise* que la main invisible des marchés n'a pas pu éviter de donner aux gouvernements de la nouvelle Babel la gifle la plus retentissante du siècle.

Va pour le krach

Les dessous du krach sont d'une saisissante clarté. Au risque d'avoir l'air innocent, suspect ou ringard, il faut oser le dire parce que c'est vrai : cette crise avait été prévue. La mode veut que l'on ridiculise les prévisions des économistes. Contrairement à ce cliché, nous montrerons que ce qui arrive à l'économie mondiale était prévu de longue date, et par tout un concert, à travers le monde, des voix les plus autorisées, mais aussi les plus discrètes (chapitre III). Ce sont les mêmes qui nous montrent aujourd'hui qu'un

(Y a-t-il une station d'essence par ici ?)

Ce cartoon a été publié dans *The New York Herald* (Paris) le 12 novembre 1929, deux semaines après le krach de Wall Street du 29 octobre.
(*International Herald Tribune*, 21 octobre 1987, p. 6.)

'Well, whatever it was, it's gone now.'

(Bien, quoi que ce fût, maintenant il est parti.)
International Herald Tribune, 22 janvier 1988.

autre krach se prépare. Mais on sait comment l'éviter. C'est une affaire qui mêle le progrès des institutions entre les gouvernements et de la communication entre les peuples (chapitre IV).

Sous cet angle, l'expérience de la Communauté européenne prend valeur d'exemple (chapitre VI). Pour la première fois, en dehors de toute pression militaire, un groupe de nations commence à s'unir et à créer des institutions communes par libre consentement. C'est le sens du Système Monétaire Européen (SME), qui constitue sinon un modèle, du moins une première maquette éprouvée pour le futur Système Monétaire International (chapitre VII). L'Europe est la zone du monde où, jusqu'à présent, la libre circulation s'est le mieux conciliée avec un minimum de réglementation. C'est ainsi que le fil rouge nous conduit directement à l'échéance 1993. Qu'en sortira-t-il ? L'histoire n'est pas écrite d'avance. Jamais une perspective aussi exaltante n'avait été ouverte pour la jeunesse européenne et, à travers elle, pour la jeunesse des autres continents. Mais plus le grand marché va s'unifier et plus il devra pouvoir être régulé. Moins qu'aucune autre société, l'Europe ne peut être réduite à l'état de marché pur, sauf à transformer le jardin de la civilisation moderne en une jungle darwinienne (chapitre VIII).

Que faire ? Pas de miracle. L'expérience prouve que les sociétés démocratiques évoluées peuvent tout entreprendre, tout réussir, à la condition de bien comprendre les choses — habituellement cachées — dont dépend leur avenir. Il y a beaucoup d'espoir pour demain. A condition de comprendre quelles erreurs nous avons commises hier, et pourquoi.

Contre la crise, contre le krach et pour le boom, la *communication !*

Mieux l'opinion publique sera éclairée et moins elle supportera que les chances prodigieuses de développement économique et social qui sont aujourd'hui les nôtres demeurent compromises par les politiques économiques et monétaires contradictoires — parce que démagogiques — des principales puissances.

Notre ambition est de le montrer. Notre pari, d'y contribuer un peu. Nous aimerions, dans le « village planétaire », être parmi les instituteurs de l'intelligence réciproque des peuples.

CHAPITRE I

Comment un lundi devient noir

Le 19 octobre 1987, lorsque la Bourse de New York ouvre à 9 heures et demie du matin, tous les éléments du drame qui va marquer cette journée sont déjà réunis. Ils ont été convoqués dès le mercredi 14 octobre à l'appel de deux événements : la décision des démocrates de la Commission des voies et moyens à la Chambre des Représentants d'imposer les actions détenues par les *raiders* afin de rendre les OPA moins faciles : ce qui est interprété par le marché comme un freinage de la demande de titres en provenance de cette catégorie particulièrement voyante d'opérateurs ; l'annonce d'un déficit commercial des États-Unis au mois d'août de 15,68 milliards de dollars, chiffre supérieur aux prévisions bien qu'inférieur au déficit de juillet.

Le Dow Jones (indicateur des valeurs industrielles à la Bourse de New York) perd 95 points et 3,8 % en une seule séance ce mercredi 14. Le vendredi 16 octobre, il recule encore de 108 points (— 4,6 %).

Pendant ce temps, à Francfort, la Banque fédérale d'Allemagne relève son taux de pension de 3,75 % à 3,85 %, en contradiction totale avec les engagements de politique concertée pris le 22 février précédent entre les grandes nations industrielles, lors des accords du Louvre. Mais la poussée de fièvre de la masse monétaire donne des boutons aux autorités allemandes. A chacun son fantasme. Outre-Rhin, c'est l'inflation. Outre-Atlantique, c'est la dépression.

Le samedi 17, le secrétaire américain au Trésor James Baker riposte : « Si les Allemands estiment nécessaire de durcir leur politique financière, au risque de freiner leur économie, ils ne doivent pas s'attendre à ce que nous restions les bras croisés. » Les marchés interprètent ces propos comme la menace de ne plus défendre la parité dollar-mark estimée « correcte » dans les accords du Louvre.

Sous la double menace d'une nouvelle baisse du dollar et d'une nouvelle hausse des taux d'intérêt, les étrangers — ce sont toujours eux qui réagissent les premiers, comme les oiseaux migrateurs — donnent des ordres de vente à la Bourse de New York pendant le week-end.

Les Mutual Funds (fonds qui gèrent, notamment, l'argent des caisses de retraite) ont préparé pendant le week-end des ordres de vente (car leurs déposants veulent récupérer leurs mises) qu'ils ne savent pas comment traiter. Leurs employés, généralement très jeunes, n'ont guère l'habitude de vendre massivement à la baisse, après cinq ans de hausse presque ininterrompue de la Bourse. Un certain nombre de ces Fonds disposent d'une réserve de liquidité qui leur permet de satisfaire quelques vendeurs sans jeter immédiatement trop de papier sur le marché. Mais quelques-uns investissent la quasi-totalité de leurs fonds ; dans le cas du

Fidelity de Boston, cela représente 30 milliards de dollars.

Ces Fonds ont imaginé tout un ensemble de nouveaux instruments financiers dans l'espoir de majorer leurs gains et de minimiser leurs pertes. Ils utilisent, notamment, une technique de gestion dite d'« assurance de portefeuille » qui consiste à suivre les mouvements du marché en consacrant une fraction progressivement croissante des fonds gérés à ceux des actifs (actions ou obligations) dont le cours monte le plus rapidement. Pendant un temps, cette technique a fait monter le marché. Mais, en même temps, elle exposait les portefeuilles à des risques plus élevés. Lorsque le marché s'est retourné, des ajustements automatiques ont accentué la baisse.

De même, on a vu naître et se développer, à côté des marchés traditionnels où l'on vend et achète des valeurs, de nouveaux marchés dits « dérivés » : contrats à terme portant sur des lots de devises ou de valeurs mobilières ; contrats d'option. Sans entrer dans le détail fort complexe de fonctionnement de ces marchés (dont Chicago est « La Mecque »), retenons qu'ils jouent un rôle d'assurance. Quelqu'un qui s'attend à ce qu'une valeur monte sur le marché primaire va se garantir contre une baisse par l'intermédiaire d'un marché dérivé. Les relations entre les deux types de marchés (singulièrement entre New York et Chicago) ont accéléré les mouvements lors des journées « chaudes » de la Bourse, c'est-à-dire quand la liquidité trouve ses limites. En effet, quel que soit le marché, on ne peut vendre que s'il y a un acheteur...

Le 19 octobre, New York et Chicago s'engagent dans une spirale à la baisse.

Le tocsin boursier

A 11 heures moins vingt, huit des trente titres qui constituent l'indice Dow Jones ne sont toujours pas cotés en raison de la disproportion entre le volume des ordres de vente (trop élevé) et celui des ordres d'achat. C'est le cas d'IBM, valeur vedette à la Bourse de New York.

Normalement, les « spécialistes » font la police du marché en vendant ou en achetant pour leur propre compte en cas de déséquilibres anormaux. Encore faut-il que les volumes en cause ne dépassent pas leurs moyens. Or, ce lundi, les ordres de vente peuvent excéder plusieurs milliards de dollars, alors que la plupart de ces firmes spécialisées ne disposent que de 50 à 60 millions de dollars. Prudent, le spécialiste chargé de coter American Express avait demandé la permission de coter ce titre 2 points au-dessous de sa valeur. Malgré cela, il doit absorber, dès l'ouverture du marché, 150 000 actions faute d'acquéreurs.

Ainsi, ceux qui ont acheté des titres à leurs clients-vendeurs doivent rapidement les revendre eux-mêmes avec de lourdes pertes.

A 11 heures, tous les titres (moins un) du Dow Jones sont enfin cotés. Quelques professionnels laissent leurs employés racheter des valeurs « manifestement sous-cotées ». Ils espéraient un retournement du marché entre 11 heures et 14 heures. Rien de tel n'apparaît. En fin de matinée,

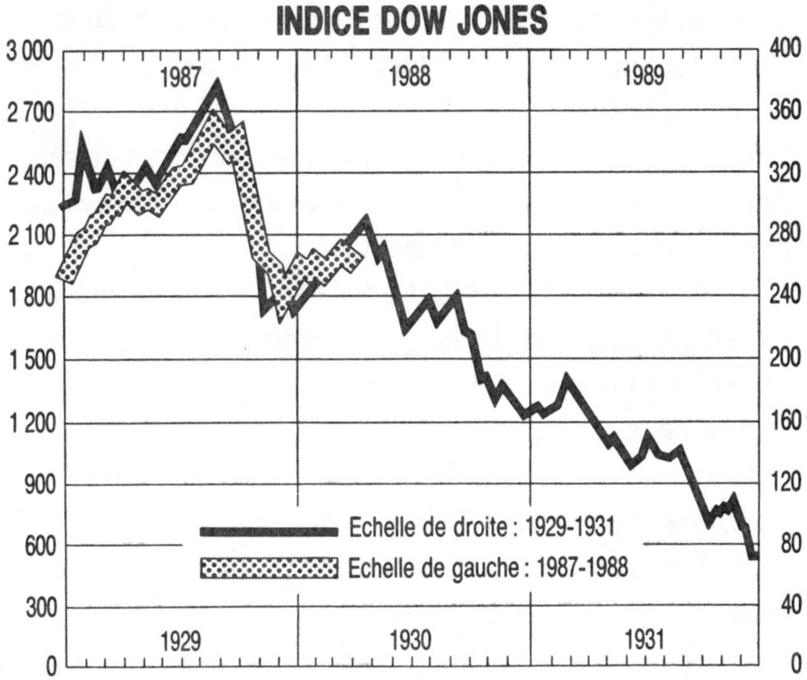

Ce graphique compare l'évolution de l'indice Dow Jones des valeurs industrielles à la Bourse de New York en 1929-1931 et dans la période actuelle. Il fait apparaître un étrange parallélisme entre les deux courbes. Il rappelle, surtout, que le véritable effondrement de Wall Street ne s'est pas produit en 1929 mais à partir du printemps 1930, quand les réflexes protectionnistes sont venus transformer une crise boursière américaine en une crise économique mondiale.

[D'après le graphique paru dans le *Wall Street Journal* du 31 mars 1988. © Dow Jones and C°, Inc. 1988. Tous droits réservés.]

200 millions d'actions ont changé de mains ; soit l'équivalent des transactions totales d'une journée normale. Lors du « jeudi noir », le 24 octobre 1929, 13 millions de titres avaient changé de mains. Le « mardi noir », 29 octobre 1929, les transactions avaient porté sur 16,5 millions de titres. Nous ne vivons plus dans le même monde.

En début d'après-midi, les petits investisseurs, alertés par le tocsin boursier répercuté sur toutes les chaînes de télévision, se manifestent à leur tour. Les ordinateurs ultra-rapides du DOT (Designated Order Turnabout), qui traitent les ordres au fur et à mesure de leur arrivée, accusent un retard de plus d'une heure. Les imprimantes sont au bord de l'apoplexie. Cela enraie les transactions.

A 13 heures, le bruit court que David Ruder, le président de la Securities and Exchange Commission (SEC) chargée de veiller au bon fonctionnement des marchés, envisage de fermer ceux-ci. En réalité, David Ruder avait cherché à joindre John J. Phelan, le président du New York Stock Exchange — la Bourse de New York —, pour étudier avec lui un bref arrêt des cotations afin de permettre aux ordinateurs de reprendre leur souffle.

Il faut démentir en toute hâte car, à la seule annonce d'une éventuelle fermeture, le marché accélère sa chute qui perd 1 point de Dow Jones à la minute. Jamais vu ! A l'heure du déjeuner, l'indicateur a déjà perdu 270 points. Tous les records sont enfoncés.

A 15 heures, la chute atteint 300 points. Quand la Bourse ferme à 16 heures, le Dow Jones est en recul de 508 points, soit 22,6 %, alors que le mardi 29 octobre 1929 la baisse n'avait été que de 12 %... Les plus grandes valeurs sont sérieusement malmenées : 30 % de baisse sur Eastman Kodak, 26 % sur IBM, 25 % sur Digital Equipment. Le nombre des transactions a dépassé 600 millions. Les pertes sur la valeur des actions sont estimées à 1 000 milliards de dollars.

John J. Phelan reconnaît dans une conférence de presse

convoquée une demi-heure après la fermeture du marché : « C'est le pire des marchés que j'aie jamais vu. Et je n'aurais jamais imaginé qu'il puisse être si près de la rupture. » Il se veut tout de même rassurant : « Nous n'avons pas suspendu les cotations et nous rouvrirons normalement demain matin. »

Une seule Bourse devait mettre la clé sous la porte, celle de Hong Kong. Huit jours plus tard, elle rouvre en enregistrant une baisse de 33 %.

Les nouveaux risques

Depuis le choc de l'automne 1987, les rapports se multiplient dans tous les marchés de valeurs mobilières du monde, pour établir la responsabilité de ce qui s'est passé. Au banc des accusés on voit défiler l'informatique, la déréglementation, les nouveaux instruments financiers, les *golden boys* et autres *raiders* dans un cortège multicolore où les techniques les plus sophistiquées semblent avoir pactisé avec la perte du sens moral pour se mettre au service d'un nouveau capitalisme sauvage.

Sans entrer dans le détail généralement obscur pour le profane de tous ces procès, une remarque générale s'impose : bien souvent on confond la cause avec l'effet.

Les marchés financiers contemporains présentent des caractéristiques qui ne sont pas nées d'une fantaisie ou d'intentions perverses. Ils se sont adaptés à des données nouvelles. C'est ainsi que les investisseurs institutionnels y jouent un rôle grandissant avec le développement des compagnies d'assurances et des caisses de retraite et la gestion collective de l'épargne à travers des organismes comme les SICAV et les Fonds communs de placement en France. Aux États-Unis l'argent géré par les Mutual Funds représente près de 1 000 milliards de dollars.

Cette institutionnalisation du marché grossit sensiblement la taille de chaque transaction. A New York, la moitié de ces transactions porte sur plus de 10 000 titres. Trouver un acquéreur pour d'aussi gros paquets de titres n'est pas toujours facile. Les intermédiaires financiers eux-mêmes ne peuvent plus se contenter de mettre face à face un vendeur et un acheteur. Ils doivent avoir des capitaux propres en quantité suffisante pour régulariser le marché et stocker des titres vendus par un client en attendant de trouver un acheteur.

La deuxième révolution des marchés financiers est de nature technique. L'informatique ne leur permet pas seulement de transmettre plus vite un plus gros volume d'ordres, elle permet aussi, par l'intermédiaire de programmes très élaborés, d'aider la prise de décision. On ne voit vraiment pas pourquoi le constructeur d'avions pourrait recourir à des logiciels pour dessiner le profil d'un fuselage tandis que l'intermédiaire financier se verrait interdire le recours à la même technique pour optimiser la gestion des capitaux.

Avec des clients plus puissants et des machines plus rapides, les marchés étaient mûrs pour s'internationaliser, à condition que des règlements ne viennent pas entraver le mouvement. La déréglementation était donc en ligne avec la logique du système sans avoir à faire appel à une quelconque idéologie.

Tout nouveau système comporte des risques nouveaux. De très gros portefeuilles gérés par un petit nombre d'institutions ou de spécialistes qui se surveillent mutuellement affectent le fonctionnement du marché. Celui-ci n'a plus la belle fluidité d'un marché de particuliers ou d'épargnants moyens pour lesquels il était relativement facile de trouver un acheteur quand ils voulaient vendre, ou un vendeur quand ils voulaient acheter. Désormais, les transactions portent sur un volume si important qu'on n'est pas sûr de trouver la contrepartie, ce qui fait planer un doute sur la liquidité. Or le premier rôle de tout marché financier est d'assurer la liquidité. C'est-à-dire de garantir à un vendeur qu'il pourra toujours mobiliser ses titres — éventuellement à perte, c'est le risque naturel — pour récupérer de l'argent.

Il faut sans doute s'habituer à voir les marchés osciller fortement, dès lors que les enjeux sont plus lourds et que la rapidité des transactions multiplie les risques de raz de marée sur un titre ou sur une place. En avril 1988, une baisse de 100 points en une seule séance à Wall Street n'a provoqué aucune panique.

Simultanément, la désorganisation du système monétaire international, depuis l'abandon des règles instituées à Bretton Woods au lendemain de la dernière guerre, a contraint les marchés à se garantir contre d'autres risques. A la plus forte fluctuation des titres, qui a résulté de l'intervention des investisseurs institutionnels, s'ajoute la fluctuation des changes et des taux.

C'est la montée de ces nouveaux risques qui se trouve à l'origine de bon nombre d'innovations financières souvent dénoncées, aujourd'hui à tort, comme des dangers pour les marchés. Les nouveaux marchés financiers à terme ou optionnels (en France, on connaît le MATIF qui appartient à la même famille) ont été conçus pour répondre aux besoins de couverture des opérateurs qui ne pouvaient pas rester sans réplique devant un dollar dont le cours peut doubler en cinq ans, puis diminuer de 40 % en trois ans ; ou devant des taux d'intérêt brutalement et fortement bousculés. Tous ces nouveaux marchés s'analysent en dernier ressort comme des marchés où l'on échange des risques sur des grandeurs que l'on ne contrôle pas : des taux de change, des taux d'intérêt ou des indices boursiers.

Pas de marché sans règles

On peut certes s'interroger sur le meilleur moyen d'organiser les nouveaux marchés. Mais croire qu'on mettra fin aux dérèglements de la sphère financière en les supprimant serait renouveler l'illusion des empereurs romains qui tuaient le messager porteur de mauvaises nouvelles.

Ce sont les dérèglements de l'économie mondiale qui sont à l'origine des spasmes boursiers et non pas l'inverse. Il est trop facile aux gouvernements et aux opinions publiques consentantes de dénoncer les vilains spéculateurs sans voir que ceux-ci n'ont fait qu'exploiter — parfois à leur détriment d'ailleurs — les incohérences du système financier et monétaire international. Le krach boursier d'octobre 1987 a des causes immédiates ou récentes sur lesquelles s'entassent déjà des milliers de pages de rapports et d'interminables controverses.

Il ne faut pas oublier, pour autant, d'observer un phénomène qui, à lui seul, justifiait une correction : la surévaluation des cours. Au début de 1987, le Dow Jones avait déjà marqué une hausse de 144 % par rapport à son point bas de 1982 (indice 776). Or il n'a pas cessé de galoper jusqu'en août, atteignant alors son sommet à l'indice 2 722. Ce qui veut dire qu'à cette date, le rapport entre le cours et le bénéfice par action, à New York, atteint le coefficient 23, contre une moyenne depuis la fin de la guerre de l'ordre de 14. Le rendement moyen (rapport entre la valeur d'un titre et ce qu'il rapporte en dividende) tombe à 2,2 % contre une moyenne de 4,25 % depuis la guerre. Le phénomène affecte la plupart des marchés boursiers. Si bien qu'au plus bas des cours du mois d'octobre 1987, la chute n'annulait guère plus de deux années de hausse : 7 mois à Tokyo, 20 mois à New York, Londres et Paris, 28 mois en Allemagne fédérale.

L'un des « gourous » les plus célèbres de Wall Street, Henry Kaufman, a pu résumer les leçons de ce krach en cinq points dans un article du *Herald Tribune,* le 8 février 1988 : la déréglementation ; l'innovation financière ; la mondialisation des marchés des capitaux ; l'institutionnalisation de l'épargne qui concentre les décisions entre quelques grosses mains ; la mobilité des actifs financiers que l'on a tendance, partout dans le monde, à transformer en titres négociables sur des marchés (on le voit bien avec la dette du Tiers-Monde que les banques créancières négocient volontiers, quitte à y perdre quelque chose : un prêt bancaire devient ainsi un titre négociable comme une simple obligation).

Au total, cela produit beaucoup de titres négociés par un petit nombre d'opérateurs, à l'échelle mondiale. D'où d'inévitables coups de tabac à la hausse comme à la baisse.

La conclusion d'Henry Kaufman est intéressante et même étonnante de la part d'un homme façonné à Wall Street : « Ce qu'il faut, écrit-il, c'est une institution internationale officielle composée de représentants des grands pays industrialisés. Cet organisme devrait disposer, au minimum, du pouvoir d'édicter des règles uniformes en matière de transactions, de comptabilité, de fonds propres et d'information s'appliquant aux principaux marchés et institutions dans l'ensemble du monde. Ce changement réclamera une volonté politique très forte. »

Retenons ce diagnostic. Du fond du marché monte une sagesse que les gouvernements n'ont pas encore découverte : sans règles, il n'y a pas de marché et, surtout, pas de marché des anticipations ; mais il n'y a pas de règles qui puissent être utilement édictées par un seul État. Comme toutes les grandes secousses, le krach d'octobre 1987 met à nu, brutalement, la vérité que nous nous cachions.

1929-1987 : le frisson

En octobre 1987, le monde entier se demande si une nouvelle catastrophe, comparable à celle des années trente, va sortir du lundi noir comme il en était sorti une du krach de 1929. Inquiétude salvatrice si l'on en croit le plus célèbre économiste-historien de la crise de 1929, John K. Galbraith, qui écrit : « Pour qu'un nouveau désastre survienne, il suffit que le souvenir du précédent soit effacé. Et nul ne sait combien de temps il faut pour oublier. »

Nous n'avons pas oublié. Mais avons-nous retenu l'essentiel des leçons de 1929 ? L'économie mondiale n'a pas sombré, à l'époque, dans un déséquilibre boursier. C'est la Bourse qui s'est effondrée dans un séisme économique.

Dès 1928, les États-Unis suspendent leurs prêts à l'Amérique latine et à l'Allemagne. Le 3 septembre 1929 (six semaines avant le krach !), Wall Street battait tous ses records. Mais, exactement au même moment, le Sénat américain reprenait l'examen d'un projet de loi tendant à augmenter les droits de douane aux États-Unis. Ce projet était ratifié par le président Hoover en juin 1930 à une époque où la Bourse de New York se situait encore à son niveau d'octobre 1928, c'est-à-dire à un niveau historiquement élevé même s'il n'était plus à ses sommets. C'est seulement dans les deux ans qui ont suivi l'adoption de la loi tarifaire (dite loi Smoot-Hawley) que Wall Street s'est véritablement effondré, le Dow Jones plongeant de l'indice 244 à l'indice 41.

Dans un article du *Wall Street Journal* daté du 25 novembre 1987, Robert Bartley écrit ceci, que tous les gouvernements devraient méditer aujourd'hui : « Si le président Hoover avait tenu compte du conseil formulé dans une pétition signée par plus d'un millier d'économistes et avait opposé son veto à la loi Smoot-Hawley, la Grande Crise se serait vraisemblablement résumée à une correction ordinaire du cycle d'activité, en dépit du krach boursier. »

Fascinante leçon ! Aujourd'hui aussi la Bourse corrige ses excès. Aujourd'hui aussi des économistes lancent un cri d'alarme (nous allons le voir). Aujourd'hui aussi la tentation protectionniste existe. Certes, le président Reagan s'oppose aux projets du Congrès. Il ne veut pas être un nouvel Hoover. C'est une chance pour le monde. Mais il ne voit pas que la chute du dollar peut avoir exactement les mêmes effets qu'un droit de douane. Lorsque l'économie dominante cesse de prêter de l'argent pour en emprunter et ferme son marché par une dévaluation excessive de sa monnaie, elle empêche le reste du monde de vendre et de se développer.

Considérons ce qui s'est passé en 1987. L'année a commencé et fini exactement de la même manière. Par une déclaration solennelle des autorités financières de sept nations, disant que le dollar a assez baissé, qu'il faut défendre cette nouvelle parité et que cela exige une convergence des politiques économiques. Entre ces deux textes de même nature, fixant les mêmes objectifs et signés par les mêmes autorités, deux événements de taille, le dollar a perdu 10 % de sa valeur et les Bourses se sont effondrées.

Les intéressés ne sont pas dupes. Le 22 février, ils se réunissent à Paris, dans les bureaux du ministère des Finances, au Louvre. Le 23 décembre, ils se contentent d'un échange téléphonique. Edouard Balladur, ministre français de l'Économie, qui avait réclamé dès le mois d'octobre un nouveau « sommet » des Sept, est le plus dépité et c'est finalement lui qui s'oppose à la rencontre physique des ministres et des gouverneurs des banques centrales. Pour si peu de chose, ce n'est vraiment pas la peine. Il a réclamé en vain, à son collègue américain James Baker, des impôts pour réduire le déficit budgétaire américain, un relèvement des taux d'intérêt pour freiner la demande intérieure aux États-Unis afin d'atténuer le déficit commercial, ou la souscription d'emprunts libellés en yens pour obliger Washington à prendre en charge le risque de change sur le dollar. Edouard Balladur essuie le refus obstiné de son interlocuteur qui ne veut à aucun prix d'une récession aux États-Unis afin de ne pas compromettre les chances de son poulain George Bush aux élections présidentielles, et qui entend épargner à Ronald Reagan l'humiliation de Jimmy Carter, contraint dix ans plus tôt d'émettre des emprunts en monnaies étrangères. Le ministre français, hors de lui, prophétise à son interlocuteur américain : « Rappelez-vous que la crise des années trente a chassé les Républicains du pouvoir pour un quart de siècle. »

La potion magique

Mais, précisément, les autorités de Washington pensent avoir administré à l'économie américaine la potion magique qui lui épargnera une nouvelle crise. Cela se passe dès le 19 octobre, le soir même de l'effondrement de Wall Street. Alan Greenspan, qui a succédé récemment à Paul Volcker, à la présidence de la Réserve fédérale, publie un communiqué dans lequel il déclare que la Banque centrale américaine est « prête à injecter les liquidités éventuellement nécessaires pour soutenir le système économique et financier ». Nouvelle preuve que les économistes ont la mémoire longue. Le plus nul des étudiants américains en économie a entendu parler du chapitre 7 de l'*Histoire monétaire des États-Unis,* dans lequel Milton Friedman et Anna Schwarz expliquent la crise de 1929 comme le résultat de la politique « inepte » de la Banque fédérale. Celle-ci a, en effet, resserré le crédit dès les premières alertes, asphyxiant ainsi les banques et, par voie de conséquence, les entreprises. De 1929 à 1933, la masse monétaire aux États-Unis s'est contractée d'un tiers. C'est exactement comme si, pour soulager un malade qui a du mal à respirer, on lui resserrait sa cravate au lieu de la lui enlever.

Alan Greenspan a évidemment lu Milton Friedman. Malgré son désir de défendre le dollar, car il craint que la dévaluation persistante de celui-ci ne déchaîne une nouvelle inflation, il n'hésite pas un instant après l'effondrement de Wall Street. Il ouvre les vannes du crédit. Le gouverneur de la Banque fédérale de New York — véritable bras séculier du Federal Reserve System — téléphone lui-même aux banquiers pour leur donner ordre de financer les intermédiaires de la Bourse en difficulté. Cette pratique, qui aurait été courante en France, peut sembler extravagante aux États-Unis, pays du libéralisme sans remords.

Simultanément, à Francfort, la Banque fédérale d'Allemagne opère un véritable tête-à-queue, abaissant son taux de pension de 3,85 % à 3,80 %. *Partout le mot d'ordre est le même : quand l'économie flambe on éteint l'incendie avec de la monnaie.* Personne ne se préoccupe de savoir si cela ne ressemble pas, finalement, à tenter d'éteindre le feu avec de l'essence.

Dans l'immédiat, l'effet est miraculeux. Wall Street regagne 200 points en début de séance, le 20 octobre, et 100 en clôture, ce qui réduit les pertes de la veille d'un cinquième. Les taux d'intérêt basculent. L'emprunt du Trésor américain à trente ans, qui avait bondi à 10,30 % le 19 octobre, retombe à 9,30 % le 20. Des banques américaines, qui venaient d'annoncer la hausse de leur taux de base, annulent précipitamment leur décision.

Ouf ! On l'a échappé belle. Le krach du 19 octobre ne devrait bientôt plus être qu'un mauvais souvenir. Le monde se porte beaucoup mieux qu'on le dit. Certes, dans les douze mois de 1987, la Bourse a perdu 37 % à Francfort, 30 % à Paris, Zurich, Amsterdam et Milan mais seulement 8 % à Hong Kong tandis qu'elle gagnait encore 2 % à New York et 10 % à Londres et à Tokyo. Au printemps de 1988, la Bourse de Tokyo pulvérise même son record historique.

Pour la cinquième année consécutive, les pays de l'OCDE enregistrent en 1987 une croissance proche de 3 % comme en 1983, 1985 et 1986 ; une seule année fait exception, 1984, avec une croissance de 5 %, semblable aux meilleurs taux des « trente glorieuses » ! C'est le jour et la nuit, comparé aux années précentes : environ 1 % de croissance par an dans l'ensemble OCDE de 1980 à 1982. Même la forte reprise des années 1976-1979, après le premier choc pétrolier (croissance moyenne proche de 4 %), n'avait pas duré aussi longtemps.

Fait encore plus extraordinaire, ces retrouvailles des économies capitalistes avec la croissance ne se sont pas faites au détriment de la stabilité des prix, tout au contraire. Lors de la reprise des années 1976-1979, l'inflation est de 9 % en moyenne dans l'ensemble OCDE, avec une poussée en fin de période (9,8 % en 1979). Depuis 1983, l'inflation s'est ralentie, passant de plus de 5 % au début de la période à 2,5 % en 1986, pour repasser au-dessus de 3 % en 1987.

Les coûts unitaires de main-d'œuvre, mesure la plus sûre des tensions inflationnistes sous-jacentes, qui s'étaient accrus de 6,7 % par an entre 1975 et 1984, n'ont plus progressé que de 3,5 % en 1985, 2,8 % en 1988 et 2,5 % en 1987, dans les sept principaux pays de l'OCDE. Partout les taux de profit des entreprises ont bénéficié de cette modération des coûts salariaux, couplée avec une tendance des prix de l'énergie à la baisse.

Les investissements du secteur privé (hors construction de logements), qui avaient diminué dans les pays de l'OCDE en 1982 et 1983, repartent de l'avant en 1984 et 1985 avec, toutefois, un ralentissement en 1986.

L'emploi n'est pas en reste. Il progresse de 1,5 % par an de 1984 à 1987 dans l'ensemble OCDE, après une quasi-stagnation de 1980 à 1983. Cela représente, sur un total de 350 millions d'emplois, plus de 5 millions d'emplois supplémentaires par an.

Nous vivons dans « l'économie de la joie » pour parler comme le rédacteur en chef de *Fortune.* Le pétrole a flambé ; il s'éteint. L'inflation a été maîtrisée. La croissance renaît. L'emploi est reparti. Simplement la Bourse a trop bu pour célébrer ce changement d'époque. Chacun sait qu'elle est portée sur la bouteille. Sa nature est d'être excessive. La crise de l'automne 1987 l'aura dégrisée. C'est bien ainsi, n'en parlons plus.

Une monnaie folle

Cette vision des choses relève d'une formidable illusion d'optique. Depuis que nous avons vu les images de la Terre, filmée à partir des satellites, nous nous sommes convaincus qu'elle constituait un tout homogène. Avec Concorde, nous arrivons à New York avant d'être parti de Paris. Sur les écrans de la télévision, nous vivons en direct les émeutes aux Philippines, les « primaires » aux États-Unis, la famine au Sahel, les retrouvailles entre Gorbatchev et Sakharov à Moscou. Dans les journaux télévisés du matin, on nous apprend le cours du dollar à Hong Kong et la cote des valeurs à Tokyo avant même que notre ministre des Finances ait pris son café au lait et qu'on ait fait le ménage au palais Brongniart pour effacer les traces de la séance de la veille.

Quand on nous dit que les 5 milliards d'êtres humains vivent désormais dans un « grand village », nous sommes impressionnés et convaincus. Est-ce si sûr ? Même à l'échelle restreinte de l'OCDE, l'économie internationale n'est pas homogène. Tous les chiffres cités ci-dessus constituent des moyennes qui cachent de profondes différences.

L'économie internationale est la résultante de trois économies distinctes, bien que liées entre elles : l'économie domestique, celle des ménages enracinée dans des réalités locales et des comportements culturels ; l'économie des entreprises qui gambade de plus en plus par-dessus les frontières, échangeant ses capitaux, ses techniques, ses hommes et ses produits ; enfin l'économie des États dans laquelle on mesure des productions nationales, on observe le fonctionnement des pompes à finance que sont les caisses publiques et sociales, on affiche des taux de change et des taux d'intérêt.

Naturellement, toutes ces économies s'influencent les unes les autres. Elles ne s'identifient pas. Il y a même un contraste grandissant entre la logique des entreprises et celle des États. Le propre du capitalisme est d'être apatride, transnational. Cette réalité a été longue à apparaître parce que l'économie industrielle est née à la même époque que l'État national. Il a fallu du temps pour dissocier deux phénomènes qui n'avaient aucune raison de s'identifier mais que l'Histoire a fait émerger au même moment. Aujourd'hui, nous observons cette séparation sans parvenir à la comprendre totalement. Lorsque Péchiney envisage de fermer ses usines d'aluminium en France parce que le kilowatt-heure, principale « matière première » de ce produit, ne peut plus être compétitif chez nous comparé à celui qui naît des fleuves du Venezuela ou du Canada, nous ressentons cette attitude comme une trahison. Lorsque Carlo de Benedetti s'attaque à la Générale de Belgique, l'événement est vécu par une partie de l'opinion comme une invasion arabe qui n'aurait pu être stoppée à Poitiers. Quand Bridgeston rachète Firestone (contre Pirelli !) et lorsque la Bank of Tokyo prend le contrôle d'Union Bank (filiale californienne d'une banque britannique), c'est presque, pour les Américains, l'équivalent d'un Pearl Harbor financier.

Nous voyons grandir les contradictions entre l'économie des firmes pour lesquelles les frontières sont des obstacles qu'il faut contourner et l'économie des États qui ne se sentent responsables que de ce qui se passe sur leur territoire.

Ce monde apparemment en bonne santé que décrivent certaines statistiques est lourd de ses contradictions et fragilisé par ses déséquilibres. Dans la période récente, la forte croissance moyenne des pays de l'OCDE repose essentiellement sur les deux principales puissances, les États-Unis et le Japon. L'Europe marque le pas. Un signe, parmi d'autres : au début de 1988, il y a 3 % de chômeurs au Japon, 6 % aux États-Unis, 11 % en Europe. Entre les États-Unis et le Japon eux-mêmes se creusent les déficits. D'où la valse des taux de change et des taux d'intérêt. Au moment précis où l'inflation diminue dans le monde, les écarts de change n'ont jamais été aussi brusques et les niveaux réels de taux d'intérêt aussi élevés. C'est l'argent cher dans un magasin bon marché.

C'est une monnaie folle dans un univers qui a besoin de sagesse pour garantir la pérennité des échanges et des opérations internationales des firmes. Voilà le point précis où la leçon des années trente doit être comprise dans sa nature véritable telle que l'économiste Charles P. Kindleberger l'a décrite dans son ouvrage sur la crise de 1929 à 1939. L'économie mondiale s'est effondrée à l'époque parce que les deux seuls pays qui pouvaient éviter son étouffement, la Grande-Bretagne et les États-Unis, n'ont pas su ou pas voulu remplir leurs fonctions. Qu'en est-il aujourd'hui ?

CHAPITRE II

Les « trente fiévreuses »

Il y avait les « trente glorieuses » de Jean Fourastié. Celui-ci nous expliquait que jamais l'humanité n'avait connu un essor économique et social aussi fulgurant que de 1945 à 1975, quand la production progressait en Occident de 5 % par an, c'est-à-dire quand elle doublait tous les quinze ans.

Aujourd'hui, notre vision de cette période a perdu de sa clarté. Ces années n'ont pas été aussi homogènes que nous le pensions. Reprenons-les à leur début. Il y a eu la reconstruction des années cinquante où nous avons non seulement relevé nos ruines de la Seconde Guerre mondiale, mais aussi comblé le retard que la double césure de la crise des années trente et de la guerre avait accumulé chez nous. Retard démographique, comblé par le *baby boom* qui s'achève curieusement partout à la même date, en 1964. Retard de niveau de vie rattrapé par la diffusion massive des biens d'équipement du foyer, depuis la voiture jusqu'à la télévision. Retard d'organisation de l'économie mondiale dont la marche naturelle vers la liberté des échanges avait été interrompue par la crise et la guerre, et qui retrouve son mouvement spontané en abaissant les frontières avec le GATT et le Marché commun, en gérant les monnaies avec le Fonds Monétaire International, en contribuant au développement des pays attardés avec la Banque mondiale, en coordonnant les politiques des États avec l'OCDE.

A la fin des années cinquante, le monde n'a donc pas réalisé une percée conceptuelle vers une croissance rapide, universelle et garantie. Il a seulement pansé ses plaies et renoué avec une évolution interrompue de façon dramatique entre 1930 et 1945. Après quinze ans de malheurs, nous avons raccordé en quinze ans d'efforts les fils d'une histoire tragiquement interrompue par l'inconscience et la folie des hommes. Ce raccord a été facilité par trois stimulants historiques. A l'Ouest, les États-Unis offraient le modèle de ce que l'Europe et le Japon devaient reconstruire puisque l'économie américaine avait été épargnée par les destructions de la guerre. A l'Est, le communisme prétendait construire une alternative au mode de développement capitaliste, ce qui instituait une concurrence entre les régimes dont l'Occident tirera plus rapidement profit que les pays de l'Est. Ceux-ci découvrent seulement aujourd'hui, avec l'expérience Gorbatchev, que le défi lancé en 1945 au capitalisme a stimulé ce dernier au point qu'il a accru son avance sur le régime qui se croyait capable de le rattraper. Enfin, troisième stimulant à la reconstruction et au rattrapage : les bouleversements de la guerre ont préparé les peuples à des efforts qu'ils n'auraient pas acceptés en des périodes plus calmes. Un seul exemple : la France qui a inventé la semaine de 40 heures en 1936 travaillera, sans récrimination, 46 heures par semaine jusqu'aux années soixante.

Nous voici donc, au début des années soixante, rétablis

dans l'état où nous aurions été si nous avions su faire l'économie de la grande crise et étouffer Hitler dès l'aube de son règne, toutes choses probablement possibles. Nous aimons que l'Histoire soit fatale parce que cela exonère les hommes de leur responsabilité. Ce n'est qu'une complaisance de plus de l'espèce humaine à l'égard d'elle-même. Quinze ans de croissance à 5 % après quinze ans de croissance nulle, cela équivaut à 2,5 % de croissance annuelle sur trente ans, c'est-à-dire à la tendance historique de longue période dans les sociétés industrielles. Le rythme séculaire auquel les sociétés ont consenti à se déformer sous l'effet des innovations technologiques, commerciales, sociologiques et psychologiques de la révolution industrielle. La limite à l'accélération de la croissance, c'est l'homme qui, dans le même temps, l'exige et la redoute, la conduit et la subit.

A partir des années soixante, le décor change radicalement. Nous ne sommes plus en période de reconstruction et de rattrapage. L'Europe et le Japon comblent leur retard sur les États-Unis, lesquels n'occupent donc plus une position de premier de cordée, ouvrant la route aux autres. Il va falloir avancer à tâtons sur des chemins inconnus. De même, le communisme n'apparaît plus comme un compétiteur dangereux sur la voie du développement économique et social. On craint encore ses armes, à peine son idéologie, plus du tout ses méthodes et ses résultats. Enfin, après la tension des années quarante et cinquante, les peuples entendent prendre un peu de bon temps et profiter des biens si durement acquis. L'avenir va perdre ses balises tandis que la crainte des Rouges s'estompe et que l'effort se relâche. Un monde nouveau commence.

« L'économie n'existe pas »

Ce sera un monde de fièvre alors qu'on l'imaginait tranquille, convivial, écologique, détendu. Nous allons voir flamber, successivement, les universités dans les années soixante, le pétrole dans les années soixante-dix, les Bourses dans les années quatre-vingt. Les « trente fiévreuses » s'installent. Nous croyons vivre aujourd'hui une sorte de dérèglement de la belle harmonie qui nous semblait acquise pour l'éternité au début des années soixante. Or cette harmonie n'était que le solde, payé à prix d'or, de feu et de sang, des tumultes des années trente et quarante. Nous pensions qu'elle annonçait l'avenir alors qu'elle ne réglait que le passé. Les « trente fiévreuses » ne sont pas un couchant mais un levant. Le bruit n'est pas celui d'un édifice qui s'écroule. C'est celui d'un chantier qui s'ouvre.

Impossible de comprendre ce qui se déroule sous nos yeux en isolant l'économie des autres phénomènes collectifs. On prête à François Mitterrand ce mot : « L'économie, ça n'existe pas. » C'est évidemment absurde si l'on entend par là qu'on peut croître sans investir, investir sans épargner, vendre sans être compétitif, etc. Mais c'est exact au sens où l'économie n'existe pas à l'état pur. C'est un phénomène de société lié à tous les autres. Au début des années soixante, l'achèvement de la reconstruction, l'ouverture des frontières, l'élévation du niveau de vie — ce que nous avons appelé le rattrapage — permettent de cumuler des taux de profits élevés avec des taux d'intérêt modérés. La croissance se nourrit d'emprunts faciles à financer, à taux faibles et à rendements élevés. La profitabilité (écart entre la rentabilité économique et le taux d'intérêt réel) est forte. Certes, il y a des oscillations dans la vie économique, mais la tendance de fond paraît solide.

La guerre du Vietnam va servir de détonateur à deux explosions : celle des universités et celle des prix. Les révoltes d'étudiants sont nées sur les campus américains à l'occasion de manifestations contre cette guerre. Mais elles vont, rapidement, s'étendre à d'autres sujets et gagner d'autres pays. Les disciplines de la croissance forte semblent bien lourdes à une jeunesse dont l'histoire a commencé quand la guerre s'est terminée. Elle veut tout, tout de suite. « Il est interdit d'interdire... On ne tombe pas amoureux d'un taux de croissance. » Elle traduit dans son langage ce que d'autres catégories de la population ressentent comme la juste rémunération de leurs efforts. En mai-juin 1968, à Paris, tout commence comme une révolution et se termine par le relèvement du SMIC.

Autrement dit, le partage de la valeur ajoutée créée dans les entreprises s'opère au bénéfice du travail et au détriment du capital. Les taux de profit vont bientôt s'abaisser. Le coût du travail s'élève. Les entreprises vont être incitées à économiser le travail. Personne ne voit encore les risques qui en résulteront sur l'emploi quand les générations du *baby boom* commencent à se présenter sur le marché du travail, grossies par les cohortes de jeunes femmes convaincues qu'il n'y a pas d'émancipation sans participation au travail rémunéré. La vraie révolution des années soixante c'est la femme salariée, maîtresse (*via* la pilule) de sa maternité.

En Europe, la défense des pactes sociaux nés des longues batailles sociales et politiques qui ont secoué le vieux continent depuis un siècle accentue la rigidité du système. Peut-on le regretter ? Sans ces pactes, qui ont permis d'institutionnaliser les conflits et de les résoudre par compromis successifs, la reconstruction et le rattrapage ne se seraient sans doute pas faits dans d'aussi bonnes conditions. Mais on observe là un phénomène fréquent dans la vie des sociétés : un mécanisme nécessaire et utile dans une période peut dériver vers des excès qui le rendent inadapté et pervers dans une autre.

Quoi qu'il en soit, la montée des coûts salariaux va réduire la rentabilité des investissements au moment précis où de nouvelles technologies apparaissent (informatisation des processus de production) ainsi que de nouveaux compétiteurs dans l'économie capitaliste (Japon et autres pays d'Asie). Il faudrait accélérer la modernisation des outils de production, le lancement de nouveaux produits, la conquête de nouveaux marchés. Il faudrait donc investir davantage alors que l'épargne se réduit. De même, ces technologies nouvelles, dont les coûts fixes sont élevés et le rendement croissant, réclament une main-d'œuvre réadaptée et davantage mobile, ce qui se heurte aux méthodes traditionnelles de formation et à la mobilité décroissante des travailleurs. Rien d'étonnant si la productivité du capital s'affaisse en Europe quand elle explose au Japon. Chez nous, la société confisque l'économie en oubliant que celle-ci ne délivre ses richesses qu'à condition de les reconstituer en permanence. Là-bas, la société épouse l'économie pour la féconder davantage. Les vertus militaires du peuple japonais sont purement et simplement transposées dans la vie des entreprises : discipline, persévérance, abnégation. C'est l'appartenance à l'entreprise qui donne son identité au travailleur alors que, chez nous, il défend son identité contre l'entreprise.

Le ralentissement de la croissance est inscrit dans ces déséquilibres naissants même si des drogues continuent de doper les économies occidentales à la fin des années soixante et au début des années soixante-dix. De 1967 à 1973, la croissance dans l'ensemble OCDE n'a jamais été inférieure à 3 % ; elle a connu, quatre années, des taux égaux ou supérieurs à 5 %. Il est vrai que ces chiffres moyens incluent la performance du Japon qui était encore — lui — dans sa phase de rattrapage, ce qui lui permettait de convoiter un taux de croissance moyen sur la période de l'ordre de 10 %.

Ces drogues euphorisantes qui masquent le mal sans guérir le malade s'appellent l'endettement et l'inflation. Deux potions parfaitement complémentaires puisque la seconde doit théoriquement effacer les effets néfastes de la première. Empruntez donc puisque vous rembourserez en monnaie dévaluée ! Seulement, un jour arrive où le prêteur se lasse....

La grande inflation

Cette inflation a été, elle aussi, déclenchée par le détonateur de la guerre du Vietnam. En 1964, le président Johnson obtient les pleins pouvoirs du Congrès. Les dépenses militaires américaines passent de 50 milliards de dollars en 1965 à 80 milliards en 1968. Mais il n'est pas question de relever les impôts pour financer une guerre aussi impopulaire. Johnson lance, tout au contraire, un projet de « grande société » : ils auront le beurre et les canons. Ce qui, traduit en termes économiques simplifiés, signifie qu'ils auront l'inflation. Le rythme de hausse des prix aux États-Unis double en deux ans : 2,8 % en 1967 ; 5,4 % en 1969. Le Federal Reserve, voyant qu'il n'y a rien à espérer du côté de la Maison-Blanche pour lutter contre l'inflation avec l'arme budgétaire, décroche l'arme monétaire. Le taux des fonds empruntés par les banques passe de 4 % en 1967 à 9 % en 1969. Ce n'était qu'un début. On n'avait encore rien vu !

L'inflation américaine va se coupler avec une inflation européenne née des concessions aux salariés pour étouffer les révoltes étudiantes. Le palier des hausses de prix sur le vieux continent passe en trois ans de 3 à 6 %. Mais, surtout, les États-Unis ont cessé de constituer un point d'ancrage d'où rayonnaient naguère des forces de rappel. Un phénomène de résonance amplifie les effets de deux inflations nées au même moment, de causes différentes, sur deux continents distincts.

Au début des années soixante-dix, des déséquilibres fondamentaux s'installent entre l'investissement et l'épargne, entre l'offre et la demande, entre le coût du travail et celui du capital, entre la rentabilité de l'investissement et les taux d'intérêt... « La grande inflation » comme l'appelle Jean Denizet dans son livre portant ce titre [1] est née. Elle va régner quinze ans. Au passage, elle aura fait exploser le Système Monétaire International et flamber les prix du pétrole.

La mémoire et la puissance

Le nouveau Système Monétaire International défini à Bretton-Woods, avant même la fin de la guerre, est la résultante de deux forces, celle de la mémoire et celle de la puissance. La mémoire, c'est le souvenir de la crise des années trente et des catastrophes financières associées au système des changes flottants. Le monde a de bonnes raisons, en 1944, de revenir à un système de changes fixes. La puissance, c'est celle des États-Unis, vainqueurs incontestés du plus grand conflit armé de tous les temps. Certes, l'Union soviétique a sa part dans cette victoire, mais elle l'a payée avec 20 millions de morts et d'épouvantables destructions. Les États-Unis, eux, sortent intacts de la guerre, même s'ils ont payé par 300 000 vies humaines leur tribut à la liberté.

1. Presses universitaires de France, 1977.

Dans les négociations de Bretton Woods, deux hommes s'opposent. L'Anglais John Maynard Keynes, le plus illustre économiste de son temps, et Harry White, défenseur efficace des thèses américaines. Les deux hommes sont d'accord pour construire un système dans lequel les parités entre les monnaies seront fixes. Ils divergent sur les institutions et sur les mécanismes. Keynes plaide pour une ambitieuse banque de compensation internationale, gérant une authentique monnaie mondiale à l'appellation symbolique de « bancor », associant la solidité de la « banque » au prestige de l'« or », dans lequel pourtant le même Keynes ne voyait qu'une « relique barbare ».

Les Américains ne veulent pas entendre parler d'une institution à laquelle ils devraient transférer une part de souveraineté, la plus visible avec les armes, celle de la monnaie. Le monde a besoin d'une monnaie ? Il l'a déjà choisie : c'est le dollar. Les statuts du Fonds Monétaire International, qui sortent de cette négociation, stipulent explicitement que chaque monnaie devra se définir par un poids d'or ou par son prix en dollars. Ce qui, d'ailleurs, revient au même puisque le dollar se définit par son propre poids en or : 35 dollars pour une once d'or (soit un dollar pour 0,888 gramme d'or), c'est-à-dire la valeur définie... en 1934 !

Conséquence : toutes les banques centrales vont se constituer des réserves de change, soit en or, soit en dollars. Pour défendre leurs taux de change, elles ne vont utiliser en pratique que la monnaie américaine, car le métal jaune sera conservé partout comme un ultime trésor auquel on ne touche pas sauf péril extrême. Tout se passe comme si on était revenu à un système d'étalon-or dans lequel l'or aurait été remplacé par le dollar. Mais ce détail change tout. Alors qu'avec l'étalon-or, *toutes* les banques centrales devaient défendre leur monnaie en achetant ou en vendant de l'or, avec l'étalon-dollar une banque centrale est dispensée de défendre sa monnaie, c'est le Federal Reserve System américain. Il émet lui-même la monnaie de référence dans laquelle tous les autres pays sont contraints de définir leur propre taux de change. Aujourd'hui encore, la plupart des Américains ne se préoccupent pas de savoir ce que vaut le dollar ; ce sont les autres qui se définissent par rapport à lui. Il est le soleil ; les autres ses satellites.

Malgré ses imperfections, le système de Bretton Woods devait se révéler un remarquable lubrifiant monétaire de la reconstruction et du rattrapage de l'économie mondiale. Non seulement il a maintenu pendant un quart de siècle un système de change fixe permettant au monde d'avoir des repères stables, mais il a su gérer un tel système infiniment mieux que l'étalon-or. En effet, l'étalon-or imposait aux pays déficitaires de véritables saignées pour rétablir leur équilibre. C'était une mécanique abstraite, dépourvue de toute sensibilité — contrepartie inévitable de son « objectivité », c'est-à-dire du fait qu'il n'avait pas besoin d'être géré par une institution ou rattaché à une puissance. Lorsqu'un pays enregistrait un déficit extérieur, les détenteurs de sa monnaie venaient l'échanger contre l'or de sa banque centrale, ce qui comprimait sa masse monétaire et lui imposait une sévère déflation, source d'un rééquilibrage douloureux. Pour soigner une angine, en système d'étalon-or, on vous ouvre la gorge !

Bretton Woods a « humanisé » le régime des changes

fixes. Lorsqu'un pays souffre d'un déficit *temporaire* dû à un aléa économique ou politique, le Fonds Monétaire International vient à son aide avec une caisse de secours mutuel, financée par l'ensemble de ses membres. Au besoin, le FMI conditionne son aide à un redressement des politiques intérieures des États concernés. L'Europe a connu cela dans les années cinquante et soixante. Aujourd'hui, le Tiers-Monde endetté est soumis aux mêmes contraintes. Un seul pays y échappe par construction : celui qui bat monnaie pour le monde entier, les États-Unis.

Lorsque les déficits n'apparaissent plus temporaires mais *durables,* le FMI devient le lieu d'une négociation pour dévaluer (en cas de déficit) ou réévaluer (en cas d'excédent) telle ou telle monnaie.

Qui a pu remettre en cause un système aussi bienfaisant ? Les États-Unis régnaient ; le reste du monde était convenablement géré. Curieusement, ce ne sont pas les sujets qui ont secoué le joug du Prince. C'est le Prince qui a dilapidé son propre pouvoir. Mais saluons le fait que, pendant vingt ans, les Américains ont veillé sur le trésor du monde sans y toucher. Sommes-nous bien placés pour leur reprocher d'avoir refusé l'impôt pour le Vietnam ? Nous ne l'aurions pas payé davantage, nous autres Européens, s'il s'était agi de défendre l'Alaska.

Le désengagement monétaire de l'Amérique

Le déficit de la balance des paiements américaine est apparu à la fin des années cinquante. Au point que peu avant son élection à la Maison-Blanche, en 1960, Kennedy s'était senti obligé de déclarer : « Si je suis élu président, je ne modifierai pas l'actuelle parité du dollar. » C'est donc que la question se posait. Il y a un précédent historique : dans les années vingt, Winston Churchill, alors chancelier de l'Échiquier, refuse de dévaluer la livre sterling, commettant ainsi l'une des plus lourdes erreurs de politique économique du XXe siècle. Mirage de la déesse monnaie ! Du fait même de leur puissance, les États-Unis avaient répandu des dollars dans le monde entier. La monnaie américaine allait bientôt se trouver, conformément à ce que le professeur Robert Triffin avait démontré, dans la situation des choux-fleurs bretons lors d'une année d'abondance : menacée par la chute des cours.

D'autant que la politique du « beurre avec les canons » du président Johnson ne pouvait qu'affaiblir les échanges extérieurs d'un pays invité, de la sorte, à consommer plus qu'il ne produisait. C'est la surchauffe. Les capacités de production sont utilisées à plein. Le taux de chômage tombe à l'un de ses plus bas niveaux historiques en 1969 : 3 %. Parallèlement, la livre sterling connaît une grave crise qui aboutit à la dévaluation de 1967. Le vent souffle sur Bretton

Woods. Après avoir fait chuter la livre anglaise, la spéculation internationale s'attaque à l'or dont les cours sont artificiellement défendus par les banques centrales des grandes nations pour « tenir » l'absurde parité de 35 dollars pour une once d'or, alors que les prix ont plus que doublé aux États-Unis depuis l'époque où cette parité a été fixée. Le 17 mars 1968, les banques centrales renoncent à défendre le cours de 35 dollars. Les accords de Bretton Woods vont bientôt sombrer corps et biens.

L'élection de Richard Nixon à la Maison-Blanche, en 1968, annonce une nouvelle phase, beaucoup plus « réaliste », de la politique américaine dans le monde. Avec Kissinger comme conseiller, Nixon va désengager les États-Unis de responsabilités mondiales trop lourdes à porter (Reagan ne l'oublie pas quand il négocie avec Gorbatchev). Ce sera le retrait du Vietnam où les Américains étaient intervenus au moins autant pour le compte de tiers — la défense du monde libre contre le communisme — que pour leurs propres intérêts. Ils se rendent compte qu'à l'extérieur des États-Unis personne ne leur en sait gré, tandis qu'à l'intérieur les catégories sociales les plus actives — notamment dans la presse et chez les jeunes — critiquent sévèrement cette aventure contraire à toute la tradition anticolonialiste américaine. Ne l'oublions pas, les États-Unis sont nés d'une insurrection contre l'« occupant » anglais.

Le désengagement monétaire sera le pendant du désengagement politique. L'Amérique ne veut plus être ni le gendarme ni le banquier du monde. Cela lui coûte trop cher et ne lui rapporte que des quolibets et des ennuis. Le 15 août 1971, Washington suspend la convertibilité du dollar en or, ce qui revient à laisser flotter la monnaie américaine et à retirer le métal jaune du système monétaire. Voilà probablement le plus grand événement monétaire du XXe siècle, avec la dévaluation de la livre en 1931 et les accords de Bretton Woods. La tentative de replâtrage du 18 décembre 1971, où l'on fait mine de définir de nouvelles parités de change entre les grandes monnaies, ne sauve les apparences que très provisoirement. Exactement comme les accords du Louvre, en février 1987, donneront l'illusion de la concorde et de la stabilité monétaire.

L'année 1973 voit l'achèvement du programme de désengagement des États-Unis : le 23 janvier, Nixon (qui vient d'être réélu) annonce l'accord de cessez-le-feu au Vietnam. En mars, c'est le flottement de toutes les monnaies vis-à-vis du dollar. Les Américains se déchargent de leurs responsabilités monétaires tout en conservant les avantages du système puisque le dollar demeure, en fait, la monnaie mondiale sans que Washington ait à défendre sa valeur. Cette tâche incombe à ses partenaires.

Une telle évolution n'était pas inéluctable. Si l'on avait voulu sauvegarder les accords de Bretton Woods, c'est-à-dire un système de parités fixes plus « intelligent » que l'ancien étalon-or, on aurait pu le faire. Il aurait suffi de dévaluer le dollar à temps (quand Kennedy s'est posé la question, c'est-à-dire en 1960) et de placer tous les pays — y compris les États-Unis — dans la même contrainte de modifier leur politique économique intérieure lorsque des déséquilibres extérieurs révélaient des erreurs ou des faiblesses de gestion. Ou encore, on aurait pu tirer les leçons de l'impossibilité de faire reposer un système sur une seule

Le Monde, 29 décembre 1987.

monnaie inévitablement soumise aux aléas de l'histoire de la nation qui l'émet. D'ailleurs, encore aujourd'hui, le yen et le mark refusent de prendre la relève du dollar. Et alors, on serait revenu aux idées de Keynes sur la nécessité d'une banque internationale gérant une monnaie mondiale.

Aucun de ces chemins n'a été exploré. Sans doute y avait-il une contradiction psychologique à évoquer la dévaluation de la monnaie américaine. Peut-on être la première puissance du monde et dévaluer sa monnaie ? Quant à la création d'une monnaie mondiale indépendante d'un État, elle était encore en contradiction avec les enseignements de l'Histoire. Celle-ci nous apprend que les systèmes monétaires ont toujours eu des allures dictatoriales. Dictature du « sacré » avec l'étalon-or. Dictature d'un « gendarme » avec l'étalon-dollar. Nous retrouvons ici, dans l'ordre monétaire, le déroulement de la vie des sociétés qui passent successivement de l'ordre sacré à l'ordre militaire puis à l'ordre marchand.

En matière de monnaie, l'or c'est le sacré, le dollar c'est la puissance, la monnaie mondiale ce sera un compromis entre des marchands, compromis qui reste à construire.

On aurait tort de faire supporter aux seuls États-Unis la responsabilité de l'effondrement du système de Bretton Woods. Si les Américains ont effectivement renoncé à leurs devoirs dans l'ordre monétaire, ce n'est pas seulement parce qu'ils ont eu le sentiment de combattre pour le compte d'autrui sans recueillir aucune reconnaissance. C'est aussi parce que la reconstruction de l'économie mondiale, à laquelle ils ont contribué, a fait émerger de nouvelles puissances commerciales et financières. En 1967, les États-Unis réalisaient 22 % des exportations de produits manufacturés dans le monde, et le Japon 9 % . Quinze ans plus tard, la part des États-Unis est tombée à 17 %, égalée par celle du Japon. Dans un monde multipolaire, il n'y a plus de « dictateur » reconnu ; il n'y a même pas de prétendant-dictateur. Les privilèges que les États-Unis pouvaient tirer de Bretton Woods ne sont plus équilibrés par les avantages que le reste du monde tirait du système de changes fixes.

Nous vivons, dans l'histoire monétaire, une période de transition dont les changes flottants sont, à la fois, l'instrument et le symbole.

Ivresse monétaire

Les changes flottants ont toute l'apparence de la logique et l'on comprend que des économistes réputés — au premier rang desquels Milton Friedman — les aient défendus avec conviction. Dans une économie de marché, pourquoi le prix de la monnaie échapperait-il, seul, à la loi de l'offre et de la demande ?

Premier argument. Le système des changes fixes contraint les pays déficitaires à revenir à l'équilibre par de véritables méthodes de tortionnaire, c'est-à-dire en provoquant la déflation généralisée et le chômage ; n'était-il pas plus élégant de retrouver l'équilibre en laissant s'abaisser (ou s'élever en cas d'excédents) le seul prix de la monnaie ?

Deuxième argument. Le malheur est que le flottement des monnaies, mis à l'épreuve des faits, n'est ni sans douleurs ni même efficace. Simplement, il transmet à l'ensemble du monde les souffrances qui devraient être, d'abord, le fait du pays en déséquilibre structurel, surtout quand il s'agit des États-Unis qui restent émetteurs de la monnaie mondiale. En outre, il ne garantit aucunement que le système retrouvera spontanément ses niveaux d'équilibre. Ce que l'on observe depuis quinze ans sur les marchés des changes le démontre sans contestation. Ainsi a-t-on vu dans les années soixante-dix le dollar plonger jusqu'à revenir au-dessous de 4 francs à Paris. Puis, au début des années quatre-vingt, le pendule est reparti dans l'autre sens, jusqu'à dépasser 10 francs pour 1 dollar au début de 1985, pour retomber ensuite au-dessous de 6 francs. Où se situe l'équilibre dans ce va-et-vient ? Tout se déroule comme si le dollar passait, puis repassait, devant un niveau d'équilibre parfaitement théorique (sans doute autour de 6,50 à 7 francs au printemps 1988 si l'on se réfère à la parité des pouvoirs d'achat, c'est-à-dire à ce que l'on achète avec 1 dollar à New York comparé avec ce que l'on acquiert avec 6,50 à 7 francs à Paris).

Certes, le système des changes flottants peut être inévitable quand les taux d'inflation dans les grandes économies oscillent fortement et de façon désordonnée. Autrement dit, quand les politiques économiques sont inadéquates ou inefficaces. Mais, à la différence des changes fixes, il ne contribue nullement à résorber ce désordre. Au contraire, il l'accroît.

Ainsi les changes flottants n'ont-ils pas été la conséquence de la grande inflation des années soixante-dix. Ou, plus précisément, ils ont été successivement causes et conséquences de l'inflation. Ils entretiennent l'instabilité.

La revanche du marché

Des prix qui grimpent, un dollar qui baisse ont caractérisé les années soixante-dix ; jamais on n'a aussi mal rémunéré un bien qui n'a pourtant jamais été aussi demandé : la consommation de pétrole a progressé deux fois plus vite que le produit national des grands pays au cours des décennies de forte croissance. La hausse du prix du pétrole s'engage tout naturellement, au début des années soixante-dix, à l'initiative d'un homme qui passait pourtant pour un « ami de l'Occident », le shah d'Iran. C'est à Téhéran, en janvier 1971, que l'OPEP impose pour la première fois aux grandes compagnies de pétrole de donner des garanties contre l'inflation en matière de prix du pétrole. Les compagnies doivent accepter de négocier ces prix avec les États producteurs alors que, jusque-là, elles les fixaient de façon unilatérale.

Les États producteurs obtiennent en 1972 la garantie de détenir au moins le quart du capital des compagnies qui opèrent sur leur territoire. Le 24 mai 1973, l'Iran reprend aux compagnies la totalité de son domaine pétrolier en échange d'une garantie d'approvisionnement. Les conditions d'un renversement du rapport des forces entre États producteurs et compagnies des pays consommateurs sont donc réunies au moment où l'Égypte lance ses chars contre Israël, en octobre 1973. Les pays arabes (donc sans l'Iran) ferment le robinet. Mais c'est le shah, personnellement, qui quadruple le cours du brut à la veille de Noël, en échange d'une reprise des approvisionnements.

Un an plus tard, exactement le 17 février 1975, le shah s'en explique avec Valéry Giscard d'Estaing, devenu entre-temps chef de l'État, dans son chalet de Saint-Moritz. L'ancien président rapporte ce dialogue dans son livre *le Pouvoir et la Vie*[1] :

1. Éditions Compagnie 12, 1988.

Le shah : « On nous a volé nos ressources pendant des années, en nous achetant notre pétrole pour presque rien... Si vous regardez le prix du pétrole sur une longue période et si vous le comparez au taux d'inflation, vous verrez que vous payez encore votre pétrole moins cher qu'en 1960. »

Giscard : « C'est possible, mais le rattrapage s'est fait en une seule fois. »

Le shah : « Nous avons besoin de cet argent... Notre plus longue frontière est avec l'Union soviétique. Je ne peux compter sur personne pour assurer notre défense... Je veux faire de l'Iran la troisième puissance militaire du monde... Et puis il nous faut de l'argent pour notre industrie. »

Giscard : « Mais, Sire, vous êtes en train de fabriquer une révolution ! L'Iran est encore un pays à prédominance rurale. Il est impossible de faire passer sa population, en une seule génération, de sa condition paysanne à celle d'ouvriers spécialisés de l'industrie. »

Dialogue pathétique entre un potentat moderniste qui sait que le temps lui est compté et un aristocrate de la démocratie, habitué à louvoyer avec les forces et avec le temps. C'est naturellement Giscard qui a raison. Le shah est emporté par la révolution intégriste des ayatollahs à la fin des années soixante-dix. Cette révolution est l'expression d'un double refus : refus moral de la licence et refus sociologique de l'industrialisation à marche forcée. Mais une telle secousse politique dans un pays pétrolier provoque inévitablement une spéculation à la hausse sur le baril : le prix de celui-ci double en quelques mois, ce qui représente en valeur absolue une augmentation plus forte que celle qui avait eu lieu en 1973. Il est vrai qu'entre-temps l'inflation mondiale avait rongé le pouvoir d'achat des pays producteurs de pétrole.

Mais le marché, qui avait été impuissant durant les années soixante à faire monter les prix de l'or noir quand la demande explosait, prend rapidement sa revanche. La hausse du brut a ralenti la croissance mondiale, encouragé les énergies de substitution (parmi lesquelles le pétrole « non OPEP » d'Alaska, de mer du Nord et du Mexique), et plus encore les économies d'énergie. En dix ans, de 1973 à 1982, la consommation d'énergie par tête, dans le monde, diminue de 9 %. Aucun cartel ne résiste à la chute de la demande. L'OPEP se lézarde dans la répartition des quotas de production pour essayer de tenir les prix. Finalement, ceux-ci s'effondrent en 1986 et le brut retrouve ses cours de 1974, autour de 15 dollars le baril, ce qui, compte tenu de l'inflation, ramène la hausse du prix du pétrole en valeur réelle depuis 1973, approximativement, à un doublement de ce prix.

Après l'internationalisation, la renationalisation

De même qu'il avait fallu quinze ans de croissance pour réparer quinze ans de crise et de guerre, il aura fallu quinze autres années pour digérer la flambée des cours du pétrole. L'économie mondiale n'évolue pas de façon régulière mais selon des secousses plus ou moins douloureuses. C'est une succession de déséquilibres, d'excès, de récupérations. Plus les mécanismes d'autorégulation – comme le système de change – se détraquent, plus les gouvernements doivent corriger par des politiques excessives les effets de déséquilibres insupportables. Nous assistons tout au long des années soixante-dix et quatre-vingt à une *renationalisation* des politiques économiques. Chaque État lutte, dans la plus grande anarchie, contre l'inflation et contre le chômage. C'est une inversion radicale de tendance par rapport à ce que l'on avait connu depuis la fin de la guerre : une *internationalisation* progressive de la gestion des économies avec le FMI, la Banque mondiale, le GATT, l'OECE (devenue OCDE), le Marché commun, etc.

Une inflation déchaînée par des contradictions sociales internes en Amérique et en Europe, gonflée par les crises pétrolières, non canalisée par des mécanismes monétaires jetés à la ferraille, ne pourra être maîtrisée que par les coups de massue que lui assèneront les autorités monétaires et les gouvernements.

Aux États-Unis, le Federal Reserve System, animé par un Paul Volcker sans état d'âme, écrase la hausse des prix sous la hausse des taux d'intérêt, c'est-à-dire par l'intermédiaire d'une déflation (qui disait que les changes flottants permettaient de faire l'économie de la déflation sauvage ?). Lorsque Reagan s'installe à la Maison-Blanche en janvier 1982, les Federal Funds atteignent pour la première fois en période de paix, dans l'histoire des États-Unis, le taux hallucinant de 20 % . Les résultats ne se font pas attendre. En dix-huit mois, la production industrielle baisse de 13 %. Le taux de chômage passe de 7 à plus de 10 % . Dans le même temps, Reagan pratique la relance budgétaire en augmentant les dépenses militaires et en abaissant les impôts. C'est ce qu'on appelle, en voiture, la conduite sportive : frein et accélérateur au plancher !

Reagan sauvé par le Mexique ?

Nul ne sait ce qui aurait pu en résulter pour l'économie mondiale sans l'accident mexicain. Le 15 août 1982 (c'est toujours un 15 août qu'on manipule les finances ; les experts militaires affirment que c'est ce jour-là que commencera la Troisième Guerre mondiale !), le Mexique, criblé de dettes comme tous les autres pays d'Amérique latine, est contraint de reporter de trois mois le paiement des intérêts. Un vent de panique souffle sur les banques américaines créancières du Mexique. Washington réagit immédiatement en relâchant les disciplines du crédit pour permettre aux banques de reprendre leurs prêts au Mexique, seul moyen de lui permettre d'assurer le service de sa dette. Notons la différence fondamentale avec ce qui s'était passé au lendemain de la Première Guerre mondiale quand, au cri de « l'Allemagne paiera », on a précipité nos voisins dans les bras de Hitler.

Un créancier peut aisément pousser un petit débiteur dans la faillite ; pas un gros ! Les taux d'intérêt américains abandonnent les sommets d'où ils ont bombardé l'inflation et se replient. Du coup, la relance budgétaire — inconsciemment keynésienne — de Reagan va produire tous ses effets et les Bourses mondiales vont bondir en avant, car rien ne stimule davantage les marchés financiers que la baisse des taux d'intérêt, laquelle — simultanément — relève la valeur des titres obligataires et donne les moyens d'acheter des valeurs à crédit.

On exagère à peine en disant que la crise d'endettement du Tiers-Monde a sauvé Reagan (dont la popularité déclinait très vite, au rythme de la croissance du chômage) et stimulé la Bourse. Les liquidités ainsi créées sont venues s'investir massivement sur les marchés financiers, ce qui a eu un double effet. D'un côté, cela a permis de ne pas relancer l'inflation, matraquée aux États-Unis par les restrictions de crédits antérieurs, et ailleurs par les restrictions budgétaires. D'un autre côté, l'attrait d'une forte rentabilité sur les marchés financiers (par le biais des plus-values en capital) a détourné des investissements productifs une part significative des capitaux disponibles.

Ici, il faut bien voir la différence radicale d'appréciation selon qu'il s'agit de placements financiers ou d'investissements industriels — ou commerciaux. Une entreprise qui étudie un investissement s'interroge sur l'avenir à trois, cinq ou dix ans. Elle examine les techniques, les marchés, les produits, la concurrence. Elle fait un pari sur après-demain. A l'inverse, l'investisseur professionnel en Bourse fait un pari sur demain matin — de même, d'ailleurs, qu'un opérateur sur les marchés des changes. La matière financière est trop flexible à court terme pour qu'on prenne le risque de s'enfermer dans des calculs à moyen terme.

En outre, les opérateurs financiers appartiennent à un même milieu où tout se sait, tout de suite, d'un bout à l'autre du monde. Keynes — qui était un habile spéculateur — avait très bien compris cela. Il écrivait, dès avant la guerre, dans son œuvre majeure *Théorie générale de l'intérêt et de la monnaie :* « La technique du placement peut être comparée à ces concours organisés par les journaux où les participants ont à choisir les six plus jolis visages parmi une centaine de photographies, le prix étant attribué à celui dont les préférences s'approchent le plus de la solution moyenne opérée par l'ensemble des concurrents. »

Le royaume du mimétisme

Nous voici donc au royaume du mimétisme où chacun rédige sa copie en regardant par-dessus l'épaule du voisin. Autant dire que les marchés financiers n'ont qu'un rapport très lointain avec la théorie pure des marchés, laquelle suppose que la confrontation des offres et des demandes se réalise entre des agents qui ne peuvent pas s'influencer les uns les autres et qui sont, en outre, de taille suffisamment modeste pour que l'action d'un seul ne fasse pas basculer le comportement de tous.

La dérivation des liquidités vers les marchés financiers permet de cumuler, aux États-Unis, une forte croissance de l'économie réelle, une inflation modérée et un boom boursier. Mais ni l'opinion ni les gouvernements ne voient la machine infernale qui se met en place. Le déficit budgétaire américain gonfle la demande intérieure, ce qui entraîne un déficit extérieur sans précédent. La balance des paiements avait connu un léger déficit, déjà, en 1971 (1,4 milliard de dollars) et en 1972 (5,7 milliards de dollars). En 1977 et en 1978, réapparition d'un déficit de l'ordre de 14 milliards de dollars. Simples péripéties. Après la relance Reagan, les choses se gâtent plus sérieusement. Pour la première fois en 1984, les États-Unis enregistrent un déficit de la balance des paiements supérieur à 100 milliards de dollars, déficit qui ne fera que croître dans les années suivantes pour culminer à 160 milliards de dollars en 1987 ! Certains mois, les Américains ne couvrent leurs achats à l'étranger qu'à moitié avec leurs ventes...

Les changes flottants étalent ici toute leur perversité. Car le dollar ne cesse de grimper tandis que le déficit continue de se creuser. En effet, les États-Unis attirent les capitaux du monde entier alléchés par un marché où les besoins de financement sont gigantesques faute d'une épargne intérieure suffisante et où les taux d'intérêt restent élevés — et le sont même de plus en plus, en termes réels, avec le ralentissement de l'inflation.

Il faut que les Américains eux-mêmes prennent peur devant l'effondrement de leur agriculture et de certaines de leurs industries, ravagées par le dollar trop fort, pour qu'ils poussent à une baisse de leur monnaie. La réunion du Plaza, à New York, en septembre 1985, se fait à leur initiative : comment ramener le dollar à un taux de change plus réaliste ?

Mais l'économie américaine est de plus en plus enfermée dans un dilemme dramatique autour de sa seule variable stratégique en l'absence d'une véritable politique budgétaire : les taux d'intérêt. Ceux-ci doivent être diminués pour abaisser le prix du dollar en vue de stimuler les exportations ; mais, en même temps, ils doivent rester suffisamment élevés pour attirer les capitaux étrangers nécessaires au financement des déficits américains. Reagan ne se sortira pas de cette contradiction. C'est elle qui fera exploser à Wall Street la bombe à retardement du 19 octobre 1987. Explosion inattendue et pourtant prévisible et même, aussi étrange que cela nous paraisse, explicitement prévue.

CHAPITRE III

Ce qui devait arriver arriva...

Qui aurait eu la curiosité, en juillet 1983, de lire l'austère littérature des experts de l'OCDE aurait compris que la formidable reprise de l'économie américaine, à laquelle on assistait à cette époque, pouvait annoncer de sombres lendemains.

Qu'écrivaient-ils, en effet, dans les *Perspectives économiques de l'OCDE* (n° 33, pages 77-78) ? Ceci : « La très forte appréciation du dollar [...] a entraîné des modifications des positions concurrentielles (taux de change " réels ") qui, d'après l'expérience, ne semblent pas pouvoir se maintenir étant donné l'évolution récente et prévue des balances des opérations courantes. »

Traduit en langue vulgaire, cela signifie qu'au cours du dollar à ce moment (nous sommes en 1983), les entreprises américaines ne sont plus compétitives. Les déficits extérieurs des États-Unis ne peuvent donc que s'aggraver ; ce qui signifie qu'un jour ou l'autre le dollar devra baisser.

Des forces lentes mais puissantes...

Le diagnostic est donc sans équivoque. Ce qui n'empêche pas le pronostic d'être délicat. Les experts s'en expliquent : « Il s'agit là de forces lentes mais puissantes, comparables à celles qui dans le passé ont entraîné un renversement des variations des taux de change réels, bien qu'on ne puisse prévoir ni l'ampleur de ces mouvements correctifs ni le moment auquel ils interviennent... Le décalage entre les variations de la position de la balance des opérations courantes et celles des taux de change est généralement long. Par conséquent, le dollar pourrait rester ferme ou même monter encore dans un proche avenir. » Étonnante lucidité !

A la même époque, l'hebdomadaire américain *Business Week* croit pourtant pouvoir décerner aux économistes le titre de « profession la plus menacée de l'année ». Effectivement, la confusion règne chez certains d'entre eux. C'est l'époque de la controverse entre les tenants de l'analyse économique globale qui voient venir des lames de fond indiscernables à la surface des événements et les grands prêtres du marché pour lesquels celui-ci sait tout en vertu de la théorie relativement récente des « anticipations rationnelles ». Théorie facile à résumer : les marchés prennent en compte dans leurs évaluations tout ce qui est prévisible. Dans un texte publié au début de 1984, deux des plus subtils économistes américains, Budiger Dornbusch et Olivier Blanchard, professeurs au MIT, écrivent à propos du déséquilibre des comptes courants américains : « Les déficits à venir du commerce extérieur sont prévisibles et prévus. Leurs effets ont donc déjà été pris en compte dans la valeur présente du dollar. Leur survenue ne constituera en rien une surprise et n'aura donc que peu d'impact sur les cours du change [1]. »

C'est oublier que, si le plan est presbyte, le marché est myope. Ce qui ne gêne en rien les opérateurs, car il leur importe assez peu de savoir ce que vaut, fondamentalement, une monnaie, mais seulement ce qu'elle vaudra demain matin. Les oscillations erratiques entre deux niveaux réalistes suffisent à justifier des opérations et donc à gagner sa vie.

Peu à peu, durant cette période, les descriptions des risques courus se précisent et se rapprochent. Un scénario se dessine chez tous ceux qui distinguent l'utilité des marchés et leur clairvoyance à long terme. On en trouve les éléments dans les rapports rédigés à Bâle par la BRI (Banque des règlements internationaux, une sorte de banque des banques centrales), à Washington par le FMI (Fonds Monétaire International) et à Paris par l'OCDE (Organisation de Coopération et de Développement Économiques). Dans son rapport annuel publié en juin 1984, la BRI écrit : « S'il est fort possible que les marchés des changes ne tiennent aucun compte d'un important déficit des paiements courants pen-

1. « US Deficits, The Dollar and Europe », *Banco Nazionale del Lavoro*, n° 148.

dant une phase temporaire de reprise conjoncturelle désynchronisée, la perspective de déficits extérieurs chroniques aussi élevés qu'actuellement, voire supérieurs, pourrait les amener à reconsidérer complètement leur attitude... Et comme il s'est révélé souvent difficile, dans le cadre de la procédure législative américaine, de mettre en application rapidement des réformes budgétaires profondes, les autorités monétaires n'auraient guère d'autres choix que de laisser monter les taux d'intérêt. » Qui donc parle encore de l'aveuglement des économistes ?

Les deux parachutes du dollar

La perspective d'un atterrissage en catastrophe de l'économie mondiale fait l'objet d'une description percutante dans un article de *Fortune*, dès la fin de 1983, de la part de Stephen Marris, ancien expert britannique à l'OCDE qui travaille désormais à l'Institute for International Economics de Washington, lieu de pèlerinage rituel de tout ce que la France compte d'économistes engagés dans le débat politique, de Raymond Barre à Jacques Attali. Durant l'été 1984, Stephen Marris témoigne devant une Commission de la Chambre des Représentants : « Mes calculs suggèrent que, tant que le dollar restera à son niveau actuel, le déficit courant américain ira en s'accroissant rapidement pour atteindre près de 200 milliards de dollars [presque 4 % du PNB] en 1989. Pour que cela soit soutenable, il faudrait que les étrangers souhaitent augmenter le stock de leurs créances sur les États-Unis de quelque chose comme 700 à 850 milliards de dollars. Je pense que la plupart des observateurs en concluront que des déficits d'une telle ampleur ne sont pas possibles [sous-entendu sans une baisse très forte du dollar]. Mais on peut discuter pour savoir quelles en sont exactement les limites et quand elles vont être atteintes. Mon point de vue personnel est que nous les atteindrons vers ou avant la fin de l'année prochaine [1985]. »

Les faits, sur le moment, semblent contredire radicalement cette analyse. Le dollar poursuit son ascension tout au long de 1984 pour toucher à ses sommets à la fin de l'hiver 1984-1985. C'est le moment où il cote plus de 10 francs à Paris, alors qu'il ne valait pas 4 francs six ans plus tôt...

Avec le printemps 1985, la descente du billet vert s'amorce. Le monde retient son souffle. Serait-ce l'effondrement annoncé ? Pas tout de suite. Les autorités monétaires américaines n'ont donc pas besoin de recourir à nouveau à des taux d'intérêt de crise qui auraient brisé net la croissance aux États-Unis, entraînant une sévère récession mondiale dans le sillage d'un krach boursier. Ce qui devait arriver arrive, mais, apparemment, pas du tout comme prévu. Le dollar tombe en douceur sans rien casser dans sa chute. Les marchés offrent un parachute à la monnaie américaine. Ils croient qu'elle va remonter demain (anticipation rationnelle ?) et donc refusent de vendre aujourd'hui.

Les gouvernements, il est vrai, apportent à leur tour un parachute supplémentaire au dollar, celui du soutien artificiel par les banques centrales. Cela aurait dû inquiéter les marchés, toujours critiques quand les pouvoirs publics se mêlent de leurs affaires. Ils n'aiment pas la main visible de l'État. Cette fois, ils la serrent chaleureusement. Le 22 septembre 1985, les responsables financiers et monétaires des grandes nations industrialisées se réunissent à l'hôtel Plaza, à New York, devant Central Park, pour organiser la baisse harmonieuse du dollar, encore trop cher à cette date pour les responsables américains.

La langue de bois des gouvernements

Le communiqué publié à cette occasion inaugure une rhétorique tout à fait particulière et qui a encore cours en 1988. C'est un discours à tiroirs. Premier tiroir : tout est en train de s'arranger grâce à nos efforts. Deuxième tiroir : mais, en fait, ne nous leurrons pas, si nous voulons éviter la catastrophe, tout reste à faire.

Lisons : « Les ministres et gouverneurs ont été d'avis que des progrès significatifs avaient été faits dans leurs efforts pour promouvoir une convergence des performances économiques favorables entre leurs pays sur la voie d'une croissance régulière et non inflationniste. » Ça, c'est le tiroir rose pâle. Quelques paragraphes plus loin, voici le tiroir gris sombre : « Malgré ces développements économiques positifs, il y a de larges déséquilibres dans la position extérieure de leurs pays qui peuvent poser des problèmes et qui tiennent à une large gamme de facteurs. »

Un an après, le 25 septembre 1986, réunis à Washington,

The Economist, 26 décembre 1987 (dessin Kevin Kallaugher)

les mêmes protagonistes préfèrent se répéter plutôt que se contredire. Premier tiroir : « Les efforts visant à promouvoir une croissance soutenue et non inflationniste dans leurs pays ont donné des résultats. » Deuxième tiroir : « Cependant les ministres notent que certains déséquilibres des paiements courants sont actuellement d'une ampleur inacceptable. »

Six mois plus tard, au Louvre, à Paris, le 22 février 1987, les mêmes retrouvent leurs pieux réflexes : « Les ministres et gouverneurs notent que de nouveaux progrès ont été réalisés depuis le Sommet de Tokyo pour atteindre une croissance soutenable sans inflation... Malgré ces développements positifs, les ministres et gouverneurs reconnaissent que les déséquilibres importants des balances commerciales et des balances des paiements courants de certains pays créent des risques politiques et économiques sérieux. »

Parallèlement à ce discours anesthésiant des responsables politiques, les économistes continuent de faire entendre leur petite musique. Ainsi, au début de 1986, les experts français, autour d'Anton Brender, du Centre d'Études Prospectives et d'Informations Internationales (CEPII), écrivent en conclusion d'un ouvrage intitulé *l'Après-dollar* [1] : « La gestion quotidienne du système monétaire international va devenir de plus en plus délicate... Ceci imposera la contrainte d'une coordination toujours plus étroite des politiques monétaires des pays clés. Sans une telle coordination la volatilité des taux de change risque d'exercer des effets ravageurs et les dérapages incontrôlables deviennent possibles. Il est difficile de penser que cette gestion " au bord du gouffre " puisse durer très longtemps sans accident. »

En 1987, le parachute qui freine la chute du dollar se met en torche. Le marché observe la contradiction grandissante entre les déclarations de coopération internationale des gouvernements et leurs comportements dispersés, voire antagonistes. Les ressorts se tendent entre les besoins d'emprunts de l'économie américaine et les disponibilités d'épargne du reste du monde. Les taux d'intérêt enregistrent ces tensions. Ce que la plupart des économistes avaient annoncé comme inéluctable, et qui ne s'était pas produit dans les premières

1. Éditions Économica.

années de la baisse du dollar, finit par arriver. L'accident est au bout de la ligne droite. C'est le krach d'octobre 1987.

Croyez-vous que les gouvernements en tirent immédiatement les leçons ? Nullement. Ils ont si peu de chose à se dire qu'ils ne se rencontrent même pas durant les cinq mois qui suivent le choc boursier. Ils se contentent d'un accord téléphonique, en décembre 1987, sur un texte conforme à leurs traditions. Le mercredi 13 avril 1988, à Washington, ils déclarent que « leur coopération renouvelée a fourni une base à des améliorations de leurs économies... Ils ont accueilli avec satisfaction les signes supplémentaires selon lesquels la correction des déséquilibres extérieurs a commencé ». Dès le lendemain, l'aggravation du déficit américain leur inflige un démenti cinglant.

Éloge des économistes

Dans cette période, les économistes éprouvent le besoin de sortir de leur réserve. Le directeur de l'Institut pour l'Économie Internationale (le patron de Stephen Marris), Fred Bergstein, invite à Washington, le 23 novembre 1987, trente-trois économistes venus de treize pays pour débattre de la situation. Ces prudents savants (parmi eux, deux prix Nobel d'économie, Lawrence R. Klein et Franco Modigliani) et ces timides experts décident de publier un texte, véritable cri d'alarme en forme d'appel à l'opinion et de mise en garde aux gouvernements. Il y a là des hommes de tendances très diverses. C'est ainsi que le social-démocrate Manfred Wegner, directeur de l'Institut de Recherche Économique de Munich (IFD), côtoie le très conservateur professeur Herbert H. Giersch, de l'Institut de Kiehl. Il ne faut pas plus de deux jours pour obtenir l'accord unanime de tous ces spécialistes pointilleux. Tous sont convaincus que si des changements radicaux de politique économique n'interviennent pas aux États-Unis, en Allemagne et au Japon, le monde entier ira vers une récession généralisée, un nouveau krach « aux effets dévastateurs » (voir le texte intégral en annexe I).

Risquons, ici, la réhabilitation d'une catégorie d'hommes fort discrédités depuis quinze ans, c'est-à-dire depuis la flambée du prix du pétrole, la réapparition du chômage et les excès des marchés : les économistes. Notre époque, qui se présente comme celle de l'économie triomphante, laquelle aurait successivement écrasé la métaphysique, la philosophie et la politique, n'a pas trop de mépris pour ses économistes. C'est trop d'honneur pour l'économie et trop d'indignité pour les économistes.

Aussi longtemps que l'économie occidentale — et particulièrement l'économie européenne — a été portée par la croissance sans précédent de ce qu'on a appelé — à tort — les « trente glorieuses », le rôle dévolu aux économistes était facile et brillant. Ils annonçaient au clairon la prospérité des lendemains. L'effet de levier se renverse à partir du moment où les réalités se retournent. Semblable à un médecin qui ausculte un malade inconscient de son état véritable, l'économiste apparaît pessimiste et s'entend tout naturellement dire : « Tais-toi, Cassandre. »

Ceux qui ont travaillé dans l'orbite du commissariat général du Plan, en France, après le premier choc pétrolier, ont bien connu cela. Il y avait une unanimité des politiques et des partenaires sociaux (patrons, ouvriers et agriculteurs) pour sommer les experts de leur annoncer de bonnes nouvelles. Cette exigence d'optimisme est encore plus forte de la part des opérateurs sur les marchés financiers : sur une Bourse des valeurs, ce qu'on échange, ce ne sont pas des biens réels, mais des espérances. Il y a donc, entre le marché de la politique et celui de la finance, une alliance naturelle contre toute pensée économique « pessimiste ».

Mieux, les marchés financiers ont inscrit dans leur vocabulaire les structures mentales de la méthode Coué en qualifiant respectivement de *bullish* (taureau, de signe positif) et de *bearish* (ours, de signe négatif) un marché acheteur et un marché vendeur. L'acte d'achat, témoignage d'espérance, donc d'une hausse des cours, est un acte conquérant, agressif, porteur des attributs sexuels du taureau ; en un mot jeune et — si l'on peut dire — viril. Un *golden boy* est naturellement *bullish.*

A l'inverse, la fonction de l'économiste, depuis une quinzaine d'années, consiste moins à annoncer des lendemains qui chantent qu'à souligner les problèmes et les risques de nos économies : de là le scepticisme, le pessimisme qui découragent de l'achat vainqueur et poussent à la vente, acte négatif des vieux ours *(bears),* incapables de l'alacrité des jeunes mâles.

Lorsqu'on observe la manière dont s'organisent les grands débats économiques, nationaux et internationaux, on constate que les professionnels peuvent y tenir des rôles bien distincts. Certains, que nous appellerons « gourous », font commerce de quelques idées qu'ils imposent par leur pouvoir de fascination. D'autres, les « clercs », sont au service d'une cause dont ils s'efforcent de démontrer le bien-fondé contre vents et marées. D'autres encore, les « praticiens », ont comme souci premier de mieux comprendre et de mieux régler le fonctionnement de la grande machine économique. D'autres enfin, les « communicateurs » (les auteurs de ce livre se sentent proches d'eux), constituent l'interface qui permet à l'ensemble de la société de suivre le débat qui se déroule entre gourous, clercs et praticiens.

En économie, le *gourou* invente une théorie, en général simple, dont il met en avant l'originalité et les propriétés miraculeuses. Pour s'imposer sur le marché, il lui faut en effet persuader l'opinion et les gouvernements que, si on l'écoute, l'économie se portera mieux. Plus ce qu'il propose est simple d'application, plus ses chances de succès sont grandes.

Milton Friedman, chef de l'École monétariste de Chicago, est un grand maître qui n'a pas échappé à la tentation de jouer les gourous. Il a exercé l'influence la plus forte en faveur des taux de change flottants, expliquant qu'il suffisait d'y recourir après avoir jeté aux oubliettes la « relique barbare » (l'or) pour obtenir notamment un rééquilibrage automatique des balances des paiements. Jamais thèse n'a été aussi implacablement contredite par les faits. Jamais thèse n'a été aussi obstinément martelée par son auteur, et avec un succès aussi large et aussi durable.

Arthur Laffer est un autre exemple d'économiste ayant joué habilement le rôle de gourou. Dire que l'on pouvait augmenter les recettes fiscales en baissant les taux d'imposition ne pouvait que séduire. Sa fameuse « courbe » — griffonnée, dit la légende, sur une nappe de restaurant — l'a rendu illustre presque instantanément. Son raisonnement est à la base du plus formidable déficit public de l'époque contemporaine, celui des États-Unis de Reagan.

Les *clercs* se multiplient en économie alors qu'ils se font rares dans nos Églises. Contrairement au gourou, le clerc travaille non pour lui-même, mais pour le compte de tiers. Il doit donc pouvoir changer d'avis comme de cause, ce qui ne peut qu'ajouter à la confusion générale et renforcer l'idée reçue selon laquelle « les économistes » racontent n'importe quoi. D'autant plus que la demande d'économistes-clercs est en croissance rapide : ceux-ci se répartissent sur toute la gamme des intérêts professionnels, sociaux et politiques. Pour cette raison, leurs noms sont rarement connus du grand public.

Les plus célèbres sont les conseillers économiques de la Maison-Blanche et d'abord leur chef, aujourd'hui Beryl Sprinkel, l'homme qui, après avoir le plus péremptoirement tenu la ligne « le dollar est fort parce que l'Amérique est forte », a le plus plaidé pour que le dollar baisse au maximum. C'est parmi les économistes de partis que l'on trouve, dans chaque pays, les clercs les plus notoires.

A côté des gourous et des clercs, les *praticiens* présentent les trois caractéristiques suivantes : ils travaillent dans le concret, sur de la matière statistique, qu'il leur revient d'analyser quotidiennement comme on diagnostique l'état d'un malade : ayant analysé, leur fonction est moins de théoriser que de proposer des solutions souvent modestes, peu brillantes, mais applicables et permettant d'améliorer un peu les choses. Enfin, n'étant soumis ni aux lois du marché comme les gourous, ni aux sanctions de la gloire comme les clercs, ils restent des artisans modestes et heureux de l'être.

Les meilleurs des praticiens de l'économie sont ceux qui travaillent en milieu hospitalier, là où l'on voit de tout, c'est-à-dire au plus près des réalités internationales, où chaque pays n'est qu'un élément dans un ensemble.

Prenons le cas d'Edmond Malinvaud, longtemps directeur général de l'INSEE et aujourd'hui professeur au Collège de France, l'un des trois signataires français du rapport des Trente-Trois. Un des rares Français aujourd'hui (peut-être le seul) à pouvoir prétendre au Nobel d'économie. Il a expliqué la croissance française en mettant en évidence des facteurs non quantitatifs de celle-ci. Il a mis en garde les gouvernements contre la baisse de la profitabilité des entreprises avant que les hymnes à celle-ci ne deviennent à la mode. Il a éclairé les causes multiples du chômage et démontré l'impossibilité de prolonger sans accident l'évolution de notre système de protection sociale.

Ce n'est pas un hasard si Edmond Malinvaud et son successeur à la tête de l'INSEE, Jean-Claude Milleron, comptent parmi les Français qui exercent la plus grande influence dans les institutions économiques internationales. Ils appartiennent à cette petite cohorte d'économistes-praticiens qui peuplent les grands organismes internationaux comme l'OCDE, le FMI, la Banque mondiale, le GATT, la BRI, la Commission de Bruxelles, etc.

Les progrès de la science économique

La science économique a fait des progrès incommensurables depuis les années trente. Imaginons qu'à l'époque on ne savait même pas ce qu'était un taux de croissance ni un revenu par tête ! Souvenons-nous que le ralentissement de l'économie a alors été aggravé par toute une série de mesures absurdes telles que la contraction des masses monétaires, la baisse des prix atteignant jusqu'à 25 ou 30 %, voire 60 % pour les matières premières ; la diminution des traitements des fonctionnaires ; et surtout une généralisation du protectionnisme qui constitue la faute impardonnable que nous avons su éviter jusqu'à ce jour.

Comment se fait-il, dira-t-on, qu'après de tels progrès de la science économique, et avec le concours de ces économistes-praticiens, nous ne soyons pas mieux armés pour faire face aux difficultés de notre temps ?

Au sein des organisations internationales, où travaillent ces équipes, la règle est la prudence pour ne pas effrayer les gouvernements qui financent lesdites organisations — et la méthode est la rédaction collective, ce qui rend rarement les textes très clairs. Les États nationaux n'ont pas envie de payer pour se voir critiquer. Un *modus vivendi* s'est donc établi, qui veut que les organisations internationales s'expriment dans un langage si retenu, si contourné, si abscons, qu'il ne puisse pas être saisi par une partie de l'opinion qui en tirerait argument contre son gouvernement. Pourtant, ces équipes discrètes d'économistes-praticiens ont une pensée commune susceptible de créer une nouveauté. Laquelle ? Nous l'avons découverte lorsque, au lendemain de la publication de l'appel des Trente-Trois, un haut fonctionnaire de l'OCDE dit à l'un d'entre nous : « Excellente, votre déclaration des trente-trois économistes, mais je ne vois rien de neuf là-dedans. Depuis longtemps, nous avions porté le même diagnostic et suggéré les mêmes solutions. Rien de neuf sauf la langue. Vous, au moins, vous avez le droit de parler un langage intelligible tandis que nous, dans les institutions internationales, cela nous est interdit. Vous avez vu ce qui est arrivé à Jacques Delors, le président de la Commission de la CEE, lorsqu'il a déclaré, après le 19 octobre, que les USA étaient prêts à laisser baisser le dollar jusqu'à 1,60 mark. Une véritable levée de boucliers de la part des gouvernements qui se déclaraient scandalisés que le représentant d'une institution internationale ose interpréter négativement les intentions de l'un d'eux ! »

La règle du jeu veut, en effet, que les institutions internationales ne soient habilitées à dire le vrai, en matière économique, qu'à la condition de le faire dans une langue si inintelligible pour le grand public que cela ne risque pas de gêner un quelconque gouvernement.

C'est cette censure par dilution textuelle qui donne toute sa portée à la déclaration des Trente-Trois.

Les premiers à avoir mesuré la portée de cette déclaration sont d'ailleurs les ministres des Finances et gouverneurs des banques centrales des sept grands pays industrialisés qui composent le groupe des Sept. Ce n'est pas par hasard qu'une semaine plus tard, le mercredi 23 décembre, ils publiaient eux aussi une déclaration sur le même sujet. La comparaison entre les deux documents est passionnante dans la mesure où, on le verra, elle révèle une véritable rupture de communication entre économistes et politiques.

La vérité contre la légitimité ?

Voilà en effet deux groupes d'hommes qui se prononcent au même moment, en décembre 1987, sur le même sujet, les problèmes essentiels de l'économie mondiale. Ils ont tout pour se comprendre : même formation universitaire, même culture, mêmes lectures (tous connaissent la littérature des institutions économiques internationales), même type de carrière (il y a, parmi les Trente-Trois, plusieurs anciens ministres ou hauts responsables de politique économique), même milieu en un mot. Pays par pays, entre les membres des délégations du groupe des Sept et les participants au groupe des Trente-Trois, tout le monde se connaît et, même, la plupart se fréquentent.

Ces deux groupes devraient donc dire la même chose, poser un diagnostic semblable, proposer des solutions analogues ou du moins convergentes. Or, il n'en est rien.

Au contraire, on va le voir, ils s'opposent radicalement l'un à l'autre sur presque tous les points.

1. *Le diagnostic.* Pour les Sept, tout va bien. « Les principaux objectifs et les principales orientations de politiques économiques convenues dans les accords du Louvre restent valables et fournissent le cadre d'une évolution positive de l'économie mondiale. » Pour les Trente-Trois, ça va mal. Nous sommes dans « une crise mondiale extrêmement sérieuse ». Le krach d'octobre 1987 ? Rien de grave pour les Sept. « Le deuxième signal d'alarme lancé par les marchés aux gouvernements », pour les Trente-Trois.

2. *Le jugement.* Pas question de se critiquer entre « grands » chez les Sept. L'accord conclu entre la Maison-Blanche et le Congrès pour réduire le déficit budgétaire américain est salué comme devant renforcer « les progrès déjà réalisés dans la réduction du déficit ». Les Trente-Trois jugent les mêmes mesures « grossièrement inadéquates » car elles ignorent la « magnitude » (mot clé dans leur déclaration) du problème.

3. *Le pronostic.* Les Sept ne sont pas inquiets. « Le taux de croissance de l'économie mondiale devrait être substantiel. » Les Trente-Trois, « si les déséquilibres ne sont pas réduits avec promptitude et vigueur, un troisième krach des marchés pourrait être encore plus important que les précé-

dents, avec des effets plus dévastateurs... A moins qu'une action décisive soit entreprise, les prochaines années pourraient être les plus troublées depuis les années trente ».

4. *Le remède.* Pour les Sept, « continuer ». Pour les Trente-Trois, « rompre » ; les États-Unis doivent produire plus qu'ils ne consomment ; l'Europe et le Japon, consommer plus qu'ils ne produisent.

Il y a quelque chose d'hallucinant dans cette contradiction des points de vue et des messages. Nous ne pouvons en rester là car, des deux groupes, l'un se trompe. Si c'est celui des économistes, peu importe. Si c'est celui des gouvernements, l'erreur pourrait avoir des conséquences incommensurables en termes d'entreprises condamnées, d'emplois sacrifiés, d'épargnes ravagées.

Chez les Trente-Trois, on essaie de travailler sur le registre de l'authenticité, de l'analyse objective et des intérêts communs à l'économie mondiale. Mais on se contente de dire, laissant aux autres le soin de faire. Chez les Sept, au contraire, parler c'est agir, et donc toutes les vérités ne sont pas bonnes à dire. On est, ici et maintenant, responsable d'une majorité électorale déterminée, dans un pays bien défini, et, de ce fait, naturellement conduit à défendre des intérêts particuliers. Même si l'on sait — sans toujours se l'avouer — que ces intérêts particuliers vont à l'encontre de l'intérêt général.

La vérité contre la légitimité ? Le succès électoral contre le progrès économique ?

C'est loin d'être aussi simple. Ce n'est même pas l'essentiel. L'essentiel est d'éviter que n'arrive ce qui doit arriver si nous ne comprenons pas mieux ces choses. Ce qui sépare ces deux groupes, ce n'est pas seulement une différence d'analyse du krach boursier, c'est un véritable krach de la communication.

CHAPITRE IV

Le krach de la communication

Aujourd'hui, partout dans le monde, la plupart des hommes politiques tiennent le même discours : la croissance est nécessaire pour résorber le chômage, pour apurer les dettes. Et les économistes renchérissent : elle est possible. Ainsi un niveau boom est à notre portée, bien avant l'an 2000. Pourtant, rien n'est moins sûr. Pourquoi ? Parce qu'une condition, une seule, n'est pas acquise : que chacun détermine sa politique économique en tenant compte des autres.

Au lieu du boom possible, ce qui risque d'arriver c'est un autre krach, et cela pour une seule raison : au lieu d'adapter leur politique économique à une ligne générale fixée par concertation entre eux, les principaux pays industriels jouent chacun pour soi, font cavalier seul. La sagesse commune des organisations internationales perd de son crédit à mesure qu'elle améliore ses propres performances. Nous assistons à une baisse subite de la communication entre ces gardiens de phares et les bateaux qui naviguent aux alentours.

Cette rupture de la communication, ce krach de l'intelligence réciproque se développe dans deux directions : dans le sens vertical, entre les experts et le peuple ; dans le sens horizontal, entre les peuples eux-mêmes qui se comprennent de moins en moins bien. Étrange phénomène ! Au moment où la planète se maille de multiples réseaux de communication en tous sens, voici que, par une sorte d'effet retour, les peuples se fabriquent chacun leur petite conception en matière de politique économique, refusant d'entendre et même de connaître ce qu'en pensent les autres.

Comme si l'uniformité par la mondiovision et la géofinance appelait en contrepartie une fragmentation quasi tribale des opinions et condamnait les politiques économiques des pays développés à se « babéliser ».

Plus précisément, nous constatons qu'à notre époque tous les problèmes matériels se résolvent les uns après les autres, même le Tiers-Monde progresse rapidement, sauf l'Afrique. La multiplication des progrès techniques par le libre échange nous offre des possibilités d'innovation telles que le principal problème désormais est d'en gérer la prolifération et ses conséquences sociales, politiques, éthiques. Mais surtout d'empêcher les nations qui, de plus en plus, devraient coopérer les unes avec les autres, de s'enfermer dans des idées toutes faites et, éventuellement même, de faire un croche-pied au voisin.

En un mot, nous n'avons pas les mentalités de notre économie.

C'est cette incohérence qui est devenue la source principale des crises, des chocs et des krachs. Il y a une incompatibilité radicale entre une économie internationalisée et des politiques économiques en voie de renationalisation.

Le Monde, 17 décembre 1987.

Les États-Unis et la RFA constituent, sur chacun de ces deux points, des exemples irrécusables. Les États-Unis avec leur incapacité à rétablir leur équilibre. L'Allemagne avec sa peur panique d'une croissance trop rapide.

La rupture verticale : le cas des USA

Les États-Unis achètent à peu près deux fois plus de produits industriels qu'ils n'en vendent. D'où leur déficit extérieur. Pour payer ce déficit, ils doivent emprunter. Or, en tant qu'emprunteurs, leur position présente deux traits contrastés.

En un sens, ils ressemblent aux autres emprunteurs : plus on s'endette et plus il devient cher d'emprunter, car les créanciers deviennent de plus en plus exigeants. C'est ce qui se passe pour les États-Unis qui doivent payer des taux d'intérêt tendanciellement en hausse. Leur déficit et l'insuffisance d'épargne en amont expliquent, dans une large mesure, le niveau extraordinairement élevé des taux d'intérêt depuis quelques années. C'est mauvais pour la croissance en général. Et quand les taux d'intérêt dépassent trop le rendement des dividendes, les épargnants cessent d'acheter des actions ou bien les vendent pour placer leur épargne dans des produits à taux fixe. C'est, dans une large mesure, ce qui s'est passé à partir du 19 octobre 1987.

Mais les États-Unis, en tant qu'emprunteurs, bénéficient d'autre part de deux privilèges :

— d'abord, ils peuvent encore emprunter dans leur propre monnaie, le dollar. Il en résulte que, quand le dollar baisse, ce sont les créanciers étrangers qui perdent : les Japonais possesseurs de Bons du Trésor US commencent à ressembler aux Français porteurs d'emprunts russes, puisqu'ils ont perdu depuis trois ans la moitié de leur valeur exprimée en yens. Ce privilège est donc à la fois extraordinaire et fragile puisque, en définitive, tout dépend du bon vouloir des créanciers ;

— second privilège : les États-Unis étant la première puissance du monde, les banques centrales des autres pays se font un devoir de soutenir le dollar en cas de besoin. Pour le moment, le soutien artificiel du dollar par les banques centrales continue et c'est grâce à cet artifice précaire que le krach boursier n'a pas eu de conséquences plus graves. Soutenir le dollar signifie en effet acheter des dollars contre création de monnaie locale. C'est donc fabriquer des réserves d'inflation. Là encore, l'exploitation par les États-Unis de leur privilège n'est pas loin d'avoir atteint ses limites.

Le principe de la solution est simple, lui aussi. Si simple qu'il est indiscuté. Chacun s'accorde pour dire qu'il faut réduire les déséquilibres. Toute la question est de savoir comment. Quand on ne veut pas répondre à cette question, on tire le rideau de la « concertation internationale ». En réalité, il n'y a, dans cette affaire, que deux remèdes et un anesthésiant.

Le premier remède, ordinaire, est celui auquel, à la suite du Japon, tous les pays européens ont dû recourir après le deuxième choc pétrolier. C'est l'ajustement par l'austérité : dépenser moins pour importer moins et épargner plus pour emprunter moins à l'extérieur.

Le second remède, extraordinaire, relève du fait du Prince réservé aux États-Unis. Il consiste, pour eux, à faire baisser le dollar autant qu'il sera nécessaire pour rétablir leur équilibre extérieur : la dépréciation d'une monnaie a pour effet de freiner les importations en les rendant plus chères et de faciliter les exportations en les rendant moins chères. De cette manière, un jour ou l'autre, l'équilibre doit bien finir par être rétabli.

C'est cette politique que le gouvernement américain a suivie depuis 1985. Elle présente deux types d'inconvénients :

— Pour les pays étrangers, l'Europe au premier chef, la baisse du dollar équivaut à un protectionnisme financier de la part des États-Unis. Cette baisse, déjà excessive de 25 % au moins, est contraire au bon fonctionnement de l'économie mondiale car elle modifie de manière arbitraire la compétitivité des entreprises. Cela, tout le monde le sait.

— Mais ce que l'on oublie souvent, ce sont les graves inconvénients qui en résultent pour les États-Unis eux-mêmes : la baisse du dollar revient à brader le capital américain et à favoriser les OPA étrangères. C'est-à-dire à réveiller la tentation protectionniste. En outre, elle est porteuse d'inflation puisqu'elle renchérit le prix des importations.

Les marchés sont désormais suffisamment alertés pour que le gouvernement américain ait été conduit à souhaiter, semble-t-il, stabiliser le dollar. Il le fait — répétons-le — par une méthode artificielle, le soutien des banques centrales des pays excédentaires, à commencer par celles du Japon et de Taiwan. C'est un remède très agréable car il permet d'éviter les douleurs de l'ajustement interne et même de stimuler allégrement l'activité.

Le dollar traité à la morphine

Mais ce remède fonctionne comme la morphine. Il condamne inéluctablement l'économie américaine à une austérité d'autant plus sévère qu'elle aura été davantage retardée. Nous en savons quelque chose, nous, Français, qui avons voulu faire la fête en 1974 et en 1981, alors que nos principaux concurrents reconquéraient leur équilibre. Mais nous ne sommes pas les seuls à le savoir. Tous les partenaires des États-Unis le leur disent.

A l'exception des plus ignorants, tous les dirigeants des États-Unis le savent aussi. Alors pourquoi ne pas engager l'ajustement tout de suite, comme le réclame le groupe des Trente-Trois, l'étaler dans le temps et le rendre en définitive moins douloureux ? Oui, pourquoi s'acharner à prolonger ce laxisme si néfaste pour l'économie américaine ?

Parce que, n'ayant pas connu les mêmes épreuves dans le passé, l'opinion américaine est moins expérimentée, moins alertée que les opinions européenne et japonaise. C'est pour cela qu'une politique économique assurément mauvaise à moyen terme pour l'économie américaine demeure provisoirement bonne pour le gouvernement américain.

Le mauvais choix se vend le mieux. Nous sommes habitués à considérer que l'Amérique est en avance par rapport à nous. Ici, c'est le contraire, car l'opinion américaine n'a encore qu'une vue superficielle et archaïque des réalités économiques internationales.

En Europe, nous sommes habitués à vivre avec des politiques restrictives du crédit à la consommation parce que l'expérience nous a appris qu'il ne faut pas tout vouloir tout de suite. Les États-Unis sont l'empire de l'immédiateté médiatique. La domination de l'image valorise le court terme, l'effet instantané, au détriment du moyen terme. Elle écarte l'explication rationnelle qui n'a rien de spectaculaire et fait bouillonner un tohu-bohu dans lequel l'homme politique s'agite comme un rouage, sans volonté propre, du système.

Le temps des aristocrates de grande culture, conscients de l'état du monde, dont Kennedy reste le prototype, est terminé. Avec Reagan, c'est le leader de type populiste qui s'impose et se fait applaudir en flattant les pulsions. L'Américain moyen ignore le reste du monde. Son gouvernement doit donc faire de même, incarner les réactions profondes d'un pays qui ne peut pas accepter de recevoir des leçons des autres.

En effet, l'opinion américaine n'a pas accompli, sur ce point, la même conversion que la nôtre. Nous, Français, surtout, nous sommes héritiers d'une longue tradition protectionniste. Mais, grâce au Marché commun, nous savons bien maintenant que la « reconquête du marché intérieur » est un slogan de sous-développement. La comparaison des discours de la campagne présidentielle de 1981 avec ceux de la campagne 1988 est éclairante à ce sujet. En 1981, c'est « achetez français » qui plaisait à l'opinion. En 1988, c'est « vive l'Europe ».

L'Amérique, au contraire, continue à penser qu'elle est non seulement plus forte mais meilleure que les autres pays. *« America is back »* (l'Amérique est de retour) signifie : plus que jamais, c'est nous, Américains, qui avons raison contre les autres pays. Si le commerce extérieur est en déficit, ce n'est évidemment pas par notre faute, mais à cause du protectionnisme japonais, de l'entêtement allemand et de l'incompréhension des autres pays. Mieux, ce déficit extérieur est la preuve que l'Amérique demeure un grand pays libéral, fidèle à sa doctrine antiprotectionniste. De fait, les

États-Unis achètent au Tiers-Monde deux fois plus de produits industriels (fabriqués parfois, il est vrai, par des filiales de firmes américaines) que l'Europe.

Comment, dans ces conditions, imaginer que les Américains vont accepter de bon gré de payer des impôts supplémentaires à cause de l'« égoïsme » (équivalent moral du protectionnisme) des autres ? Cela ressemblerait à une démission ridicule de la part de leur gouvernement.

Ce serait même une absurdité. Pour comprendre en quoi, il faut se souvenir que, dans une démocratie, les gouvernants, les journalistes, les professeurs jouent, chacun selon sa position, un rôle pédagogique dans la mesure où ils parviennent à *communiquer* avec l'opinion pour lui faire comprendre que le réel fonctionne selon des règles qu'il est dangereux de méconnaître. Mais, pour que cette communication soit efficace, il faut que le réel réponde à une logique simple et intelligible partout. Ce n'est pas le cas, aujourd'hui, pour un Américain, même s'il a fait des études d'économie.

En effet, pendant une génération, on a enseigné aux Américains dans toutes les universités que, si le krach de 1929 avait débouché sur la Grande Dépression, c'était parce que le gouvernement Hoover avait commis deux erreurs : maintenir la parité d'un dollar surévalué et vouloir à tout prix réduire les déficits budgétaires. Or, qu'est-ce que les gouvernements étrangers, les experts internationaux et les têtes d'œuf du groupe des Trente-Trois demandent aujourd'hui au gouvernement Reagan ? De refaire en quelque sorte la politique de Hoover !

A l'évidence, tout cela est invendable, et surtout l'augmentation des impôts. S'il y a quelqu'un qui est payé pour le savoir, c'est bien Walter Mondale, le candidat démocrate qui, en 1984, avait laissé entendre qu'il faudrait peut-être augmenter les impôts. Il a été battu dans 49 États sur 50. Souvenir encore tout chaud. Même les politiciens les plus conscients des périls que le déficit budgétaire fait courir à l'économie américaine demeurent hantés par les résultats dévastateurs de Mondale. Ils n'ont pas le choix. Force est pour eux, s'ils veulent être élus, de proposer à l'Amérique *le mauvais choix !*

C'est à ce point que la Bourse prend la parole. Quand la communication est coupée entre l'évidence du réel et les exigences de la politique, un moment vient où la Bourse est nécessaire pour faire fonction de circuit de secours. Le verdict du marché est sans appel. Malgré la mauvaise image des milieux de Wall Street, son jugement s'impose à l'opinion américaine. A défaut de comprendre, on se condamne à perdre.

La rupture horizontale : le cas de l'Allemagne

Le cas allemand est encore plus intéressant peut-être que le cas américain, car il n'y a aucun pays où l'opposition entre *le bon choix* de moyen terme et les convictions populaires soit à la fois aussi violente et aussi paradoxale.

Que les Américains refusent de suivre les conseils des experts internationaux, cela se comprend aisément puisque ceux-ci leur demandent de se serrer la ceinture. Mais, pour l'Allemagne, c'est juste le contraire. Elle est priée de bien vouloir accélérer sa *croissance.* Or qu'est-ce que la croissance, sinon de la *jouissance* supplémentaire ? Néanmoins, c'est du fond de l'âme allemande que monte le refus de jouer ainsi, en Europe d'abord, à l'échelle du monde ensuite, le rôle de locomotive.

En somme, c'est un gouvernement conservateur qui, en Allemagne, reprend aujourd'hui le slogan des gauchistes et des écolos d'il y a vingt ans : la croissance, pour quoi faire ? Et même, qui laisse entendre qu'il ne faut surtout pas accélérer le rythme de la machine économique par crainte d'aggraver les dégâts des pluies acides dans les forêts allemandes.

Pourquoi un refus si obstiné de s'enrichir davantage de la part d'un pays si marchand ? Comme les Allemands sont des théoriciens nés, leur réponse prend facilement la tournure d'une véritable doctrine dominante, une « doxa » qui se trouve être radicalement opposée à celle des Américains.

Comment se fait-il que l'employé de banque de Dusseldorf ait une conception de la politique économique radicalement opposée à celle de l'employé de banque de Boston ? Qu'est-ce qui fait cette rupture de communication entre les deux opinions publiques ?

L'Histoire allemande y est pour beaucoup. Si les États-Unis sont hantés par le spectre de la dépression modèle 1930, c'est le fantôme de l'inflation modèle 1924 et 1946 qui hante l'Allemagne.

On n'enlèvera pas de la tête des Allemands l'idée que l'inflation constitue, pour leur pays, le critère central du bien et du mal en économie. L'expérience du mal taraude leur mémoire : l'inflation des années vingt a conduit à la folie hitlérienne. A l'inverse, la stabilité monétaire inscrite dans la Constitution fédérale, garantie par l'indépendance de la Bundesbank, a permis d'affermir à la fois la démocratie et la prospérité. Pas question de revenir là-dessus.

Cette double expérience a même suscité une religion intégriste, un esprit de croisés contre l'inflation. Alors peu importe la stabilité quasi parfaite des prix, l'énormité de l'excédent extérieur, les marges considérables d'une relance alimentée par l'offre des marchés mondiaux. Les Allemands sont des chats échaudés. Ils ont peur de l'eau froide, c'est tout.

De plus, l'Allemagne est entourée d'infidèles. A commencer par les Français, ces rêveurs dirigistes qui n'ont envie que de réaliser leurs beaux projets avec le bon argent allemand.

D'ailleurs, l'endettement a encore dans ce pays quelque chose d'aussi négatif que pour des paysans français au XIXe siècle. C'est si vrai que M. Stoltenberg, ministre des Finances, réputé dans les réunions internationales pour son extrême orthodoxie, a reçu, de la part de l'opposition social-démocrate — oui, de la part de sociaux-démocrates —, un sobriquet qui dit tout sur l'incommunicabilité des opinions allemandes et américaines : il est baptisé *Schuldenberg,* c'est-à-dire « Montagne de dettes ». Pour Luther, l'épargne était une vertu. Ayant pratiqué cette vertu, l'Allemagne triomphe de ses succès économiques et profite des erreurs des autres.

La montagne de dettes

D'ailleurs, les autres ont failli déjà l'induire en erreur en 1978, lorsqu'elle a accepté de jouer la locomotive, ce dont les sociaux-démocrates allemands ne se sont pas remis. N'a-t-on pas vu, à ce moment-là, le ministre français des Finances s'écrier : « Heureusement que le franc français est là pour soutenir le deutschmark ! » Aujourd'hui, outre-Rhin, on caricature le dollar déchiré en deux.

Il y a d'ailleurs un profond confort psychologique à ne pas vouloir prendre en charge les autres. L'Allemagne dit en somme : « Je ne suis pas, moi, un pays prétentieux. Je ne fais la leçon à personne (suivez mon regard...). Si je rends service aux autres, c'est en donnant le bon exemple à tous. »

Peut-être le facteur démographique commence-t-il aussi à jouer et de deux manières :

— le déclin de la population active se profile pour le début des années quatre-vingt-dix (il devrait être de 0,50 % par an jusqu'en 2000). Dans ces conditions, accélérer la croissance, c'est augmenter les besoins en population immigrée... L'Allemagne ne veut pas être peuplée de Turcs ;

— d'autre part, c'est dans la mesure où l'Allemagne est un pays vieillissant qu'il lui faut assurer ses retraites par capitalisation en plaçant une fraction croissante de son épargne à l'étranger et en garantissant, par la stabilité des prix, le pouvoir d'achat de cette épargne.

Il est d'ailleurs remarquable que la pensée allemande influence de plus en plus les Français. A cause de l'expérience 1981-1983, on tend en France aussi à confondre relance et inflation et à penser que l'une ne va pas sans l'autre. Ce qui est absurde. La relance n'engendre pas l'inflation lorsqu'il y a des capacités de production disponibles.

Un haut responsable allemand confiait récemment en aparté : « C'est vrai, l'Allemagne ne fera rien de plus pour accélérer sa croissance... Sauf si le chômage se remet à augmenter... Au-delà de 150 000 chômeurs supplémentaires, je ne serais pas étonné que même les démocrates-chrétiens commencent à devenir keynésiens... »

Quoi qu'il en soit, la véritable question n'est pas de savoir à partir de quel degré de difficulté l'Allemagne se convertira à l'exigence commune, mais plutôt de comprendre que, face aux préceptes du groupe des Sept, le refus allemand est encore plus profond que le refus américain.

Pour les experts internationaux, un déficit est une valeur de signe *moins* et un excédent une valeur de signe *plus*. Un point c'est tout. Mais, pour le peuple allemand, on imagine aisément que cette différence algébrique a une portée éthique :

— le déficit traduit un manque, un trou, un défaut, quelque chose de négatif ;

— l'excédent exprime au contraire une performance, une réussite, une dignité.

Ce n'est probablement pas par hasard que les quatre premiers pays excédentaires du monde sont aussi quatre pays qui ont subi la défaite depuis moins d'un demi-siècle : le Japon, l'Allemagne fédérale, Taiwan et la Corée du Sud. Ayant été soumis par la loi des armes, ils ont pris leur revanche sur le terrain de la contrainte économique extérieure, démontrant ainsi qu'en réalité, c'est d'une contrainte intérieure qu'il s'agit.

La vraie contrainte est intérieure

Depuis le premier choc pétrolier, les pays européens ont découvert l'existence de la contrainte extérieure, c'est-à-dire le constat suivant : le rythme de croissance d'une économie dépend de sa capacité de vendre à l'extérieur suffisamment pour équilibrer ce qu'il doit y acheter.

Cette notion de contrainte extérieure, les États-Unis ne l'ont pas encore découverte, et cela constitue l'enjeu central des difficultés actuelles.

A ce premier degré de la pédagogie des relations économiques internationales, chacun doit comprendre que, même quand on est le plus grand pays du monde, il faut bien, à la longue, payer ses achats par le produit de ses ventes.

Mais ce concept de contrainte extérieure présente un grave inconvénient : sa formulation ouvre la voie à un quiproquo selon lequel si ça ne va pas dans un pays, c'est la faute des autres pays. Préjugé qui, on vient de le voir, est la deuxième cause du krach de la communication.

En réalité, il est maintenant devenu impératif que l'opinion publique franchisse non seulement cette première étape dans l'intelligence des problèmes de l'économie internationale, mais qu'en outre elle découvre ce paradoxe inquiétant : ce qu'on appelle contrainte « extérieure » relève plutôt de la contrainte « intérieure ». En effet, ce qui nous contraint de changer, ce ne sont pas les autres, c'est notre propre désir : désir de poursuivre l'élévation du niveau de vie, désir d'autonomie et de sécurité, etc.

Nous voici en présence d'un renversement radical de perspective, nécessaire si nous voulons échapper à une formidable régression historique.

En effet, d'une part — nous l'avons vu —, dans chaque pays, l'opinion renforcée par le gouvernement imagine que son pays est bien géré, conformément à une sorte de représentation kantienne de l'intérêt général dont chacun se fait une image différente ; donc, *le bien vient du moi national alors que le mal vient des autres.* Ainsi fonctionne le monde, suivant les deux grandes leçons du philosophe René Girard : le mimétisme qui engendre la violence et le bouc émissaire qui a pour fonction de l'absorber en créant l'unanimité, le consensus...

Mais l'opinion ignore René Girard et la réalité dément totalement son *a priori* égocentrique. Si notre niveau de vie est élevé et continue à augmenter, c'est grâce à l'échange international. *Le bien vient des autres et le mal vient de nous-mêmes,* de chaque État-nation qui essaie de reconstruire le monde à sa manière, pour se faire plaisir, en imaginant les partenaires comme des êtres malfaisants.

Sur ce point, c'est à une véritable conversion que les États-Unis sont désormais confrontés. En faisant baisser le dollar, non seulement ils se vengent des Japonais qui les envahissent et des Allemands qui leur font la leçon, mais ils exportent chez nous leur chômage avec leurs produits. Leur politique est littéralement une politique dictée par l'idée selon laquelle les États-Unis sont le principe du bien alors que leurs partenaires sont le principe du mal.

Or, cette politique traditionnelle, naturelle, « évidente » et donc populaire est vouée à l'échec. Elle ne peut pas ne pas finir dans un mélange ruineux d'inflation et de récession. Elle va donc à l'encontre de l'intérêt même des États-Unis. Ceux-ci devront s'incliner, rentrer dans le droit commun, non pas parce qu'ils sont une démocratie faiblarde, mais parce que c'est leur propre intérêt.

Désormais, l'intérêt de chaque pays est non pas dans son *indépendance*, mais bien dans sa *dépendance* à l'égard des autres.

C'est la faute des autres

Pour ceux qui sont déficitaires, la seule cause de leur déficit est l'excédent des autres et *vice versa.* Le postulat de chacun est que si les autres faisaient leur devoir, tout irait bien. Quel devoir ? Celui que chacun assigne aux autres ! Ainsi, la crise peut s'analyser comme un conflit de vertus subjectives. Mais si chacun continue à se draper dans la sienne, ce sera à nouveau le krach, puis le chaos. Pour Bonn, la réduction des déséquilibres internationaux ne passe pas par l'Allemagne, tout se joue aux États-Unis. Et réciproquement.

Pendant les années trente, on croyait, dans chaque pays, que la crise était due au gouvernement national. De là, des changements de majorité dans tous les pays. De là, la montée des débats idéologiques gauche contre droite. Rien de tel aujourd'hui. Au contraire, la crise s'accompagne, au plan national, d'un renforcement des consensus, d'une dépolitisation et de l'évacuation des idéologies. Observons la France contemporaine pour nous en convaincre.

Pourquoi ce contraste ? Parce que les gouvernements sont parvenus, dans chaque pays, à faire croire que la crise n'est pas de leur faute mais de la faute des autres. Disciples sans le savoir de René Girard, ils se sont mis à fabriquer des boucs émissaires qui marchent à merveille.

Pour gagner les élections dans un pays déterminé, il faut dire juste le contraire de ce qui fait gagner les élections dans le pays partenaire : aux États-Unis, on se moque de l'endettement et, en Europe, on fait silence sur le chômage.

Le *Frankfurter* du 27 novembre 1987 écrit : « L'angoisse des Allemands devant l'inflation n'est pas névrotique comme l'a dit le secrétaire d'État américain, James Baker. Elle est fondée sur l'expérience que l'on ne peut pas à long terme obtenir plus de croissance et d'emploi en les achetant avec de l'argent. »

Ces mécanismes de violence réciproque sont tellement puissants qu'ils ont inversé les conceptions fondamentales de l'Europe et de l'Amérique. Maintenant, en matière monétaire et budgétaire, l'orthodoxie, la vertu, le puritanisme même, ont traversé l'Atlantique pour s'établir en

Europe. Cependant que la vertueuse Amérique est devenue un pays qui se shoote avec son dollar et ses déficits.

La renationalisation des politiques économiques coexistant avec l'internationalisation des économies se fonde en légitimité sur ces mécanismes d'introversion psychologique qui paraissent servir de compensation à l'extraversion économique par contraste avec ce que le protectionnisme des années trente avait donné au plan politique intérieur.

L'indépendance politique dans l'interdépendance économique n'est possible qu'à l'intérieur de marges si étroites que, pour s'y tenir, il faudrait une formidable régression protectionniste.

Au niveau d'interdépendance économique où nous sommes arrivés aujourd'hui, il faut faire un saut vers l'interdépendance politique ou accepter des chocs économiques de plus en plus sévères. Mais comment croire à l'interdépendance politique alors que c'est toujours « la faute des autres » ?

A la fin des fins, ce qui menace l'économie mondiale n'est pas tant le déficit du budget américain que *le déficit d'altérité de chaque opinion publique. On ne peut avoir à la fois une large ouverture commerciale et une faible ouverture psychologique les uns aux autres.*

Pour que l'économie mondiale fonctionne bien, il faut à la lettre un haut niveau de communication entre les peuples : que chacun des principaux pays accepte de faire un peu de ce qui lui déplaît le plus. Car ce qui lui déplaît, c'est ce qui, en définitive et au moins pour un pays en déséquilibre extérieur, correspond à son propre intérêt !

Le document de Jean-Paul II intitulé « Une approche éthique de l'endettement international », en 1987, déclare à propos des pays développés : « Le temps n'est plus où ils pouvaient agir en négligeant les effets de leur propre politique sur les autres nations. Ils se doivent d'en évaluer les répercussions sur les autres membres de la communauté internationale et de les modifier si les conséquences sont trop lourdes pour les autres pays, surtout les plus pauvres. »

L'économie rejoint ici l'éthique : un pays qui ne s'occupe pas des autres finit par en être lui-même puni.

Certains rêvent d'un gouvernement mondial. C'est une idée d'hier ou de demain, pas d'aujourd'hui.

Hier, les gouvernements pouvaient s'imposer par la force. Aujourd'hui, ils ne peuvent reposer que sur une légitimité démocratique. C'est celle-ci qui doit devenir internationale pour écarter la crise et préparer le boom.

La prospérité de chacun dépend donc de son aptitude à s'adapter aux exigences communes. Quel est, à cet égard, l'ordre d'adaptabilité des principaux membres de l'OCDE ? Le plus souple, le plus extraverti est paradoxalement le Japon.

CHAPITRE V

Le samouraï, citoyen du monde ?

Peu avant de quitter le pouvoir, à l'automne 1987, le Premier ministre Yasuhiro Nakasone paraît à la télévision, vêtu d'un costume de tweed anglais. Il déclare : « Je demande à chaque Japonais d'acheter pour cent dollars de produits étrangers. » Il avait déjà fait placarder des affiches, pressant ses compatriotes d'épargner moins, de consommer plus et de prendre davantage de vacances.

Imaginons-nous Helmut Kohl tenant ce même discours aux Allemands ou Ronald Reagan prêchant, à l'inverse, aux Américains de consommer moins et d'épargner plus ? Paul Volcker, de passage à Paris au début de 1988, répond à l'un de ses interlocuteurs qui lui demande pourquoi les États-Unis ne réduisent pas l'accès au crédit à la consommation : « Vous voulez déclencher une révolution ? »

Cette révolution jugée impossible chez les peuples rationalistes d'Occident, supposés ouverts aux arguments les plus logiques, pourrait bien être à l'œuvre au Japon, pays rebelle à toute rationalité occidentale. Le Japon obéit à une logique simple : celle d'une collectivité humaine dont l'objectif unique est de survivre en tant que collectivité. Il se sent menacé de partout. Par la nature qui lui mesure ses fruits — c'est un pays sans ressources naturelles — et fait trembler son sol. Tous les Japonais vivent dans l'angoisse d'un tremblement de terre comme celui de 1923. De même, le Japon se sent menacé par les hommes. Quand le Commodore Perry (un Américain, déjà !) est arrivé avec des canonnières en 1853 pour exiger l'ouverture de cette île qu'aucun envahisseur n'avait jamais pénétrée, la réponse des Japonais a été simple : puisque la modernité est inévitable, nous la construirons nous-mêmes plutôt que de l'emprunter aux autres, comme devaient le faire les Chinois. Ce fut l'ère Meiji.

L'eau et la pierre

La logique du Japon est de sauver son particularisme en s'adaptant au monde qu'on prétend lui imposer. Ce que les Japonais traduisent en disant que leur culture est celle de l'eau. Elle n'a pas de forme. Elle prend spontanément celle du récipient que les réalités lui imposent. Mais en épousant les formes de ce récipient, elle ne change pas de nature ; sa composition n'est pas modifiée.

Les Japonais opposent cette culture de l'eau à la nôtre — qui serait aussi celle des Chinois — et qu'ils qualifient de culture de la pierre, dont la forme ne change pas aisément mais que les réalités finissent par altérer à force de la rouler et de l'éroder.

La Commission Maekawa, constituée à la demande du Premier ministre en 1986 pour réfléchir sur le nouveau Japon, a publié un rapport dont l'objet n'est pas de révéler un diagnostic inattendu. Simplement de mettre en évidence ce que tout un chacun peut observer. A savoir que l'excédent extérieur structurel de l'économie japonaise lui fait courir un grand risque en menaçant de bloquer le système international des échanges.

Dès lors, inutile d'engager un vaste et interminable débat sur le monde, son avenir, la place du Japon, le fond des choses. Une seule chose importe : quoi faire pour conjurer ce danger et lui survivre ? En France, on considère qu'un problème est résolu dès lors qu'il est clairement posé. Peu importent les voies et moyens des solutions. Au Japon, on ne s'intéresse qu'au « comment faire ? ». Chez nous, le maître est l'intelligence supérieure grâce à laquelle la question a été disséquée jusque dans les profondeurs troubles de sa lointaine origine. L'essentiel n'existe que lorsqu'il a été proclamé. Là-bas, l'essentiel est non dit, et l'on passe à l'action, qui ne peut être que collective.

Au Japon, il n'y a pas de patron. Seulement des entreprises. Le salarié ne se définit pas par son emploi mais par son appartenance à une collectivité. Sa religion — s'il en a une —, ce n'est pas le travail, contrairement à ce que nous imaginons chez nous parce que, effectivement, il travaille 2 180 heures par an contre 1 650 en France et en Allemagne (chiffres de 1984). Sa religion, c'est le service de cette collectivité vis-à-vis de laquelle il éprouverait un profond sentiment de honte si elle devait souffrir du fait de ses insuffisances. Chez nous, on appellerait cela de l'aliénation, c'est-à-dire la dépossession de soi au profit d'autrui. Mais, précisément, dans la société japonaise, soi n'existe que mêlé à autrui dans un ensemble insécable, la communauté. La France a été un État avant d'être une nation. L'Allemagne a été une nation avant d'être un État. Le Japon est un peuple avant d'être une nation ou un État. Dans son île, il n'accueille pas l'étranger. Sa civilisation ne provient d'aucun mélange de races ou de cultures. D'où, d'ailleurs, ce mélange d'humilité et d'arrogance : humilité de l'individu n'existant pas sans le tout ; arrogance du tout répartie chez les individus qui le composent. Le Japon reste une armée même sans canons.

Aujourd'hui, les Japonais vendent dans le monde entier parce que la bombe atomique les a convaincus qu'ils ne pourraient pas conquérir les territoires dépositaires des richesses qu'ils ne possédaient pas. Faute de les détenir, ils les achètent. Et, pour les payer, ils doivent vendre leur propre production. Mais voilà qu'ils le font avec un tel zèle, une telle efficacité — parce qu'ils n'ont aucune peine à y sacrifier des individualités qui, à leurs yeux, n'existent pas — qu'ils dégagent d'énormes excédents. Le rapport Maekawa se contente d'observer qu'à la fin du XIXe siècle, l'excédent britannique représentait 3,4 % du produit national et qu'il a été utilisé aux investissements à l'étranger. De même qu'après la Seconde Guerre mondiale, l'excédent américain a dépassé 3 % du produit national, ce qui a permis l'aide Marshall et la reconstruction des économies détruites par la guerre. Avec un excédent représentant de 3 à 4 % de son produit national, le Japon se doit donc de transférer des capitaux à l'étranger et de restructurer son appareil de production et sa demande globale, pour que la demande intérieure y trouve une plus grande place.

La croissance par la consommation

Lorsque le rapport Maekawa a été publié, il était de bon ton d'y voir une tartufferie de plus de la part d'un pays qui a toujours su encaisser avec une humilité souriante les reproches qui lui étaient adressés sans en tirer aucune conséquence pratique. C'était oublier que ce rapport a mis en garde les Japonais contre ce qui les menaçait eux-mêmes. En outre, la réévaluation du yen a doublé la valeur de celui-ci par rapport au dollar, en trois ans. Il en a résulté une baisse des prix des produits importés, laquelle a stimulé la consommation ; ainsi qu'une baisse des taux d'intérêt, laquelle a encouragé la construction de logements.

L'économie japonaise a changé de moteur. En 1980, pour une croissance de 4,8 %, la contribution de la demande intérieure était de 1,2 % et celle de la demande extérieure de 3,6 %. En 1985, pour une croissance de 4,5 %, 3,7 % provenaient de la demande intérieure et 0,8 % de la demande extérieure. En 1987, cette dernière s'est effondrée (en volume, non pas en valeur) à cause de la réévaluation du yen ; elle a eu un effet négatif sur la croissance globale de 1,9 % ; il a donc fallu que la demande interne s'accélère (elle a représenté 5,5 %) pour que la croissance globale atteigne 3,6 %.

Le Japon a réussi en 1987 là où la France avait échoué en 1981. Il a su relancer la croissance par la consommation sans buter sur le déficit extérieur. Cela a été possible parce que les entreprises et l'État ont agi comme il fallait, au moment où il le fallait. Dans les entreprises, on a tenu les coûts pour faire face à la réévaluation du yen. Celle-ci n'a donc pas eu sur le système productif l'effet dévastateur que la hausse du dollar a eu, aux États-Unis, dans les années 1983-1985. Les salaires ont été freinés et la productivité accrue, grâce notamment à une plus grande automatisation de la production. Parallèlement, les produits ont été renouvelés beaucoup plus vite, seule façon de stimuler la demande tout en maintenant des prix rémunérateurs. Enfin, le Japon n'a pas hésité à transférer à l'étranger une partie de ses productions, y compris aux États-Unis où les firmes japonaises construiront bientôt autant de voitures que Renault et Peugeot réunis en France. Les investissements directs du Japon à l'étranger sont passés de 8 milliards de dollars en 1982 à 30 milliards de dollars en 1987. Globalement, l'industrie nippone réalise 5 % de sa production en dehors du Japon. Dans les deux ans à venir, cette part devrait passer à 10 %.

Assuré d'avoir un appareil productif compétitif — et seulement à ce moment-là —, l'État a pu procéder sans risque à une relance keynésienne des plus traditionnelles. Il a injecté en 1987, dans le circuit économique, l'équivalent de 280 milliards de francs, soit 2 % du produit national (cela représenterait, en France, 100 milliards de francs) sous forme de dépenses supplémentaires (logements et travaux publics) et d'allégements fiscaux.

Voici donc la séquence d'une bonne relance dans une économie vertueuse : 1) stimuler la restructuration de l'appareil productif avec une monnaie réévaluée ; 2) exploiter dans ce but des gisements de productivité et d'innovations grâce à la rapidité d'adaptation de cet appareil ; 3) soutenir la demande malgré le freinage des salaires au moyen de la désinflation des prix, elle-même favorisée par la réévaluation monétaire ; 4) injecter de l'argent public pour offrir à l'appareil de production restructuré — surtout, pas avant, cette chronologie est décisive — des débouchés sans lesquels les coûts unitaires s'élèveraient ; 5) boucler le tout grâce à une forte épargne qui permet de financer une dette publique qui représente la moitié du produit national, contre seulement un tiers en France et en Allemagne.

Qu'un seul maillon de cette chaîne fasse défaut et elle se brise. Au lieu de la reprise, on a l'inflation. La seule croissance devient celle du chômage doublé de l'endettement. Faute d'avoir parcouru dans le bon ordre toutes les étapes du processus, la France a connu le chômage et la dette. L'Amérique de Reagan a pu différer le chômage — ou plutôt le transférer au reste du monde par l'intermédiaire de la sous-évaluation du dollar — mais pas la dette. Seulement l'épargne japonaise est si abondante qu'elle permet de financer, à la fois, le déficit de l'État à Tokyo et un tiers du déficit fédéral à Washington. Ainsi s'esquisse au-dessus du Pacifique une autre communauté économique, informelle mais cependant solide, la communauté américano-nippone.

Le Japon est le premier pays producteur mondial d'épargne. Il est aussi en voie de vieillissement accéléré. Il est donc contraint de placer son argent à l'extérieur pour s'assurer des revenus pour sa vieillesse. Le voilà donc obligé de faire confiance aux autres et de se rendre acceptable par eux.

Mozart à l'aéroport

A ce point de la démonstration, on s'interroge sur ce qui a pu convaincre les Japonais d'être un peu plus cigale et un peu moins fourmi.

Les Japonais ne peuvent pas, éternellement, produire comme en l'an 2000 et consommer comme en 1900. Les comparaisons de niveau de vie tirées des revenus par habitant, d'où il résulte que le Japonais serait aujourd'hui plus riche que l'Américain et l'Européen, sont deux fois trompeuses. D'abord en raison de la non-représentativité des taux de change qui ne correspondent que par hasard – et généralement pour peu de temps – aux parités de pouvoir d'achat. Ensuite, et surtout, parce que de telles comparaisons ne tiennent aucun compte de l'équipement global du pays et des foyers. Elles ne voient que les revenus ; pas les patrimoines. Or, le Japon est très en retard sur les pays occidentaux en matière d'équipements collectifs et de logements. La surface habitée, en moyenne, par une famille japonaise est de 40 m². Comment développer la consommation individuelle en aussi peu de place ? Un fonctionnaire du MITI confie à Gérard Moatti qui fait un reportage pour *l'Expansion :* « Nous avons acheté une nouvelle machine à laver, un modèle programmable absolument silencieux. Comme elle est plutôt esthétique, nous l'avons mise dans le salon. »

Les mises en chantier de nouveaux logements (1 600 000 en 1987) ont atteint, à la fin de 1987, un volume supérieur de moitié à ce qu'il était deux ans auparavant. On parle de raser des montagnes pour déverser terres et roches dans la mer afin d'y construire des îles artificielles où l'on pourra bâtir immeubles d'habitation, aérodromes et... centrales nucléaires. Le Japon est une île qui produira d'autres îles.

Pour consommer davantage, les Japonais ont besoin de plus d'espace — cela dépend du logement — et de plus de temps. La civilisation du loisir dépend du temps disponible pour celui-ci et donc de la réduction du temps de travail. Ces évolutions sont engagées, mais elles ne peuvent être que lentes. En attendant, les Japonais consomment des symboles qui conviennent parfaitement à leur culture : du bagage Vuitton (cette firme fait plus d'un tiers de ses ventes avec des Japonais) à la Porsche (les Allemands vendent plus de 70 000 voitures de luxe au Japon) en passant par la musique de Mozart qui accueille les voyageurs à l'aéroport de Tokyo, le luxe étranger s'intègre dans une tradition japonaise. Celle des signes de reconnaissance et de convivialité. Aucun pays développé ne pratique autant la coutume du cadeau. Non seulement entre particuliers (singulièrement à l'occasion du mariage où le cadeau est quasiment ruineux) mais aussi dans l'entreprise. Le cadeau d'entreprise est pour beaucoup dans le tourisme à l'étranger, lequel a augmenté de moitié en trois ans. Le nouveau Premier ministre, Noburu Takeshita, a lancé à la fin de 1987 le « plan des dix millions » qui vise à faire passer le nombre de touristes japonais à l'étranger de 6 à 10 millions de personnes, en accordant des avantages fiscaux aux entreprises qui prennent des dispositions en ce sens.

Certes, tant que le système de protection sociale sera aussi insuffisant (surtout pour la vieillesse) et tant que l'enseignement sera aussi coûteux, les Japonais continueront d'épargner beaucoup. Grâce à cela, ils sont devenus une grande puissance financière. Au printemps de 1987, pour la première fois, la Bourse de Tokyo a capitalisé davantage que celle de New York. A elles deux, ces Bourses représentent 70 % de la capitalisation boursière mondiale (la France 2 %). Les grandes institutions financières japonaises essaiment dans le monde entier. Les dix plus grandes banques du monde sont japonaises. Le Japon est devenu le premier pays créditeur net vis-à-vis du reste du monde. Sa position créditrice était déjà de 200 milliards de dollars à la fin de 1986, contre 100 milliards de dollars pour l'Allemagne alors que la position des États-Unis était, à la même date, débitrice de 250 milliards de dollars en attendant d'atteindre 600 milliards de dollars en 1989 d'après les estimations de l'OCDE [1].

Les investissements japonais à l'étranger vont générer à leur tour des revenus qui compenseront en partie la réduction de l'excédent commercial. Ce que le Japon exporte le plus, désormais, ce ne sont plus des voitures, des téléviseurs et des appareils photos : c'est l'argent.

1. *Perspectives économiques,* décembre 1987, p. 68.

L'Asie nouvelle

Le Japon est-il, pour autant, en train de se substituer aux États-Unis comme chef d'orchestre de l'économie mondiale ? D'aucune manière. D'abord parce qu'il ne le peut pas. Ensuite parce qu'il ne le veut pas, il n'a pas encore intégré le sens des responsabilités mondiales. Il s'ouvre, d'abord, par égoïsme bien compris.

Le Japon ne représente que 10 % de l'économie mondiale. Certes, la croissance est impressionnante puisque, en 1960, il n'en faisait que 3 %. Mais, à cette époque, lorsqu'ils étaient les financiers du monde, les États-Unis réalisaient 33 % de la production mondiale. Ils en font encore 22 %, soit le double de la part du Japon. Rien ne permet d'affirmer qu'à l'horizon de la fin du siècle, le Japon représentera plus de 12 à 15 % de l'économie mondiale, soit à peine plus que la France et l'Allemagne réunies, lesquelles ne peuvent prétendre à aucun *leadership* hors d'Europe. Le Japon présente d'impressionnants excédents commerciaux, mais ce n'est pas, pour autant, un très grand pays exportateur. Il jouera un rôle, hors de chez lui, plus par l'implantation de ses firmes et son rôle financier que par ses ventes en provenance de l'archipel.

Ce que le Japon a apporté de décisif dans le développement économique, c'est la démonstration qu'un pays du Tiers-Monde (dans les années cinquante, le Japon était

The Independent, 14 janvier 1988
(repris du *Diario de la Nacion*, Costa Rica. Droits réservés).

moins développé que l'Argentine) peut s'engager dans la révolution industrielle sans avoir digéré au préalable la culture occidentale. Un prêtre européen, installé à Tokyo depuis longtemps, prétend que « pour accéder au christianisme, le Japon devrait d'abord s'occidentaliser ». Il veut dire par là que la personne n'y tient pas une place suffisante pour qu'une religion aussi « personnaliste » que le christianisme s'implante aisément dans un tel pays.

En revanche, le Japon a démontré qu'il était possible de s'industrialiser sans s'occidentaliser auparavant. Son exemple fait école en Asie. Hong Kong, Singapour, Taiwan, la Corée du Sud (ceux qu'on appelle les « quatre dragons ») sont déjà bien avancés sur cette voie. D'autres pays se lèvent pour les suivre : la Thaïlande, la Malaisie, l'Indonésie. Demain, l'Inde et la Chine. L'Asie s'éveille au développement et ne tardera pas à creuser l'écart avec la malheureuse Afrique, le Moyen-Orient déchiré et l'Amérique latine endettée.

Cette Asie nouvelle est reliée à l'Amérique par un océan que l'on dit pacifique. Dans la transition d'un demi-siècle qui nous sépare de l'époque où la zone de plus fort peuplement sur la planète sera devenue, à son tour, une zone industrialisée, un condominium américano-japonais va se construire autour du Pacifique. La question se pose de savoir ce qu'il adviendra de l'Europe dans cette nouvelle configuration. Serons-nous la Grèce de l'Antiquité industrielle où l'on viendra visiter Birmingham, la Ruhr et Billancourt, comme on visite le Parthénon, Delphes et Epidaure ? Le plaisir des yeux et les joies de l'esprit en moins.

La leçon que l'Europe peut tirer du Japon ne consiste pas à transférer purement et simplement chez nous des comportements observés là-bas. D'abord parce que ces comportements ne sont pas tous exemplaires : ici nous croyons en la « personne », là-bas on est d'abord membre d'une communauté. Ensuite parce qu'ils sont liés à une culture qui ne s'exporte pas. L'Europe doit contempler le Japon pour, elle-même, se voir avec d'autres yeux, en vue de modifier ses propres attitudes. Gaston Berger écrivait : « Regarder l'avenir le change. »

CHAPITRE VI

Le marché unique de la non-Europe

L'idée européenne n'a jamais été très populaire en France. Ni en Angleterre. C'est normal. Seuls les pays conscients de leurs propres faiblesses peuvent renoncer à leur souveraineté nationale pour devenir partie prenante d'un ensemble plus vaste et plus puissant. C'est le cas des petits pays de la Communauté (sauf le Danemark). C'est le cas de l'Italie qui n'a jamais tenu son État en grande considération. L'Allemagne, ardent partisan de l'intégration européenne quand elle se sentait mutilée par la guerre, se retourne aujourd'hui vers son identité allemande.

Quant aux deux anciennes métropoles coloniales, l'Angleterre et la France, elles n'ont cessé de chevaucher leur rêve de grandeur qu'à l'épreuve des faits.

C'est ainsi qu'en 1984, à la conférence des chefs d'État et de gouvernement de Fontainebleau, une France affaiblie a pris les initiatives nouvelles qui ont conduit au fameux Acte unique [1]. A l'époque, l'idée européenne était une idée éva-

1. On l'appelle « unique » parce que, dans le même acte, entré en vigueur depuis le 1er juillet 1987, deux grandes orientations ont été réunies : l'achève-

nescente dans une économie marquée par un mot juste d'origine américaine, l'« europessimisme ».

La construction européenne n'a guère avancé depuis lors. On l'a bien vu au lendemain du 19 octobre 1987. Le secrétaire d'État au Trésor, James Baker, a aussitôt sauté dans un avion pour l'Europe. Où a-t-il atterri ? Non pas à Bruxelles, Luxembourg ou Strasbourg, les capitales de la Communauté, ni même, il faut le noter, à Londres, Paris, Rome ou Bonn. Il est allé voir à Francfort M. Poehl, président de la Bundesbank. C'est dire qu'aujourd'hui encore le mot Europe désigne plutôt une zone géographique ouverte à d'intenses échanges commerciaux qu'une entité politique distincte.

Sans parler de défense ni de politique étrangère, pour la politique économique et monétaire, ce qu'on appelle par euphémisme la Communauté demeure dans une large mesure un concept vide, un non-être qui ne figure même pas sur un strapontin dans les principales réunions monétaires internationales.

Et pourtant, demandez à un élève de terminale B si l'Europe économique est faite. Il sera étonné de votre question, car pour lui la réponse est évidente : si elle n'est pas faite aujourd'hui, elle le sera à coup sûr demain matin, puisque l'Europe, c'est 1992.

La perspective du grand marché intérieur à achever d'ici à la fin de 1992 transfigure l'idée européenne. Elle la rend

---

ment du marché intérieur et la mise en œuvre d'une coopération politique *dans le cadre* des institutions communautaires (et non plus en dehors d'elles) conformément à ce qu'avait demandé la Commission présidée par Jacques Delors.

populaire pour la première fois. Tout le monde en a entendu parler, y croit et l'espère. Du vieux bric-à-brac poussiéreux des chamailleries bruxelloises jaillit une image lumineuse et ardente, portée par le souffle nouveau de l'Acte unique.

Une image, voilà ce dont manquait le plus cette nullité médiatique qu'était l'idée européenne. Nullité humiliante depuis que l'Amérique de Reagan et le Japon de Nakasone faisaient éclater leur dynamisme sur tous les écrans. Sans parler de la nouvelle fascination pour Gorbatchev.

Tout à coup, on la voit, on l'aime, on la veut, l'Europe.

Elle devient claire. Un horizon à cinq ans, ça se voit. Traverser enfin les frontières sans être arrêté à la douane, c'est attrayant. L'Europe 1992 est jeune : ah ! la jubilation des étudiants quand on évoque devant eux un bulldozer détruisant le bâtiment des douanes. Elle est moderne : l'initiative de la construction européenne passe des États à la société civile, des politiques et des technocrates aux entrepreneurs et aux consommateurs. Une énergie nouvelle est née, qui met comme un tigre dans le moteur de nos entreprises et devrait porter enfin le vieux continent à la hauteur de son destin et assurer sa compétitivité par rapport aux deux grands partenaires, les États-Unis et le Japon.

Ah ! le beau défi

N'empêche que, soudain, on se prend à sursauter : et si cela n'était qu'un rêve, un miroir aux alouettes ? Si le boom de l'idée européenne se terminait par un krach des réalités nationales ? A mesure que les Français s'enflamment pour « 1992 », les observateurs voisins les plus avisés s'interrogent.

A Londres, *The Economist* du 12 mars 1988 constate que, si « 1992 » se réalise, ce sera sous la forme d'un choc, ce qui n'est guère compris en France où « 1992 » a été adopté par presque tous les politiciens avec un enthousiasme évangélique. Ce même enthousiasme suscite plutôt de l'inquiétude chez les Allemands qui y voient le transfuge de nos vieux rêves et craignent que ce marché unique n'isole l'Europe du reste du monde en l'enfermant dans des frontières, des règlements et des administrations que notre talent national n'aura fait qu'élargir aux dimensions du continent.

Mais l'essentiel est que, partout dans le monde, les décideurs économiques et financiers sont bel et bien persuadés que le grand marché intérieur est en route, même si son achèvement doit s'étaler au-delà de 1993. Que vous soyez à Zurich ou à New York, à Singapour ou à Tokyo ou même à Moscou, vous retrouvez cette même opinion. Cette évidence : les Européens, qui ont gâché tant d'atouts pour leurs querelles d'un autre âge, vont se mettre à rattraper le temps perdu. Cette fois, nous sommes bel et bien partis pour les États-Unis d'Europe. Ah ! le beau défi ! Et pourtant, à y regarder de près – mais qui le fait ? –, l'Acte unique n'annonce nullement, par lui-même, la naissance de cette Europe unie que l'on fait miroiter aux yeux des opinions publiques, singulièrement en France.

De la façon dont il s'applique aujourd'hui, l'Acte unique n'engendrera pas plus une véritable Communauté que ne l'a fait le traité de Rome. Il ne nous promet pas autre chose qu'un marché plus vaste et plus homogène. Ni plus ni moins. Or, aucune société humaine ne peut se réduire à l'état de marché. En écrivant cela, nous ne contestons pas l'utilité de mettre une société en déséquilibre pour la mouvoir. Mais n'attendons pas qu'elle se constitue en un nouveau sujet de l'Histoire par simple gravitation, sans volonté ni projet.

On a vu, dans les deux premiers chapitres de ce livre, que nous n'avons ni les institutions ni la communication qu'exige, au plan mondial, l'internationalisation des échanges. Plus de trente ans après la signature du traité de Rome, il en va de même pour l'Europe. Dans ces conditions, le risque est considérable que les Douze ne laissent passer ou ne compromettent *les trois grandes chances* que la crise et le krach leur offrent en contrepartie des sévères épreuves du passé récent :

La chance de la croissance, qui se présente aujourd'hui comme une véritable récompense des dieux après quinze ans d'efforts et d'essoufflement.

La chance de créer, après la chute du dollar, un Ecu qui

mérite enfin son nom : ce pilier monétaire européen est indispensable à la reconstruction du Système Monétaire International.

L'occasion enfin pour la Communauté de mériter son nom au lieu de se réduire à la gestion d'une zone de libre échange de type néo-darwinien. Là est le plus grand risque.

Une Rolls Royce brinquebalante

Le plus célèbre économiste américain, Paul Samuelson, écrivait le 19 octobre 1987, au moment même du krach boursier, un article intitulé « Stagnation en Europe : le problème clé de l'économie mondiale ? » et de préciser : « Vue des États-Unis, l'économie européenne ressemble de plus en plus à une Rolls Royce fatiguée : une mécanique confortable mais poussive. Dans l'ensemble, le continent européen est prospère et n'a rien perdu de sa culture ni de son charme, mais son économie s'essouffle, avec un maigre taux de croissance de quelque 2 % par an. » Et ce conseil pour conclure : « Les Européens devraient bien réparer leur Rolls Royce brinquebalante avant qu'elle ne s'arrête tout à fait. »

Ce jugement, formulé à l'automne 1987, peut paraître dépassé au moment où nous écrivons ce livre, au printemps 1988. En effet, contrairement à la plupart des prévisions conjoncturelles antérieures, l'économie européenne semble aujourd'hui aller plutôt vers l'expansion que vers la récession. Ces perspectives plus favorables s'expliquent principalement par le fait que, loin de s'ajuster comme elle devra un jour ou l'autre le faire, par la récession, l'économie américaine a au contraire été stimulée, depuis le krach boursier, par une politique monétaire plus souple qui repousse vraisemblablement au-delà des élections présidentielles de fin 1988 l'échéance de l'ajustement inéluctable. Plus celui-ci sera retardé et plus il sera sévère. Pour en prévenir les effets, la CEE devrait, dès maintenant, engager une action de moyen terme pour stimuler son activité car elle sera bientôt frappée par les effets de la baisse du dollar.

Elle sera attaquée frontalement par les Américains devenus supercompétitifs, latéralement par les Japonais détournés de l'Amérique par un dollar trop faible et, enfin, par la pression accrue des pays endettés qui, ayant fait des efforts énormes pour acheter moins, doivent maintenant vendre davantage pour régler, si possible, les intérêts de leurs dettes. On comprend ce qu'il y a d'absurde, de scandaleux même, dans le yoyo des taux de change, si l'on note que la chute du billet vert permet aux Américains de contrebattre en priorité, à coups de dollars dévalués, nos industries les plus compétitives, celles qui ont accompli les plus belles performances pour s'introduire sur les marchés de la zone dollar. Chute du dollar, chute des Oscars de l'exportation...

C'est dans ce contexte que le rapport des Trente-Trois prend toute sa portée. L'économie européenne, dit-il, se caractérise « par un niveau de chômage élevé et une croissance lente. Globalement, l'Europe exporte des capitaux qui pourraient utilement être dépensés sur place — 1 % du PIB pour la CEE, mais 3 % pour l'Allemagne. Les prévisions de croissance pour l'Europe ont été révisées à la baisse aux environs de 2 % pour 1988 (et pour l'Allemagne à 1,5 %). Il y a par conséquent un potentiel d'offre considérable pour remplacer la demande d'exportation par de la dépense intérieure, notamment sous forme d'investissement, la demande intérieure globale augmentant de 1 à 2 points plus vite que ce qui est prévu pendant au moins les deux ou trois prochaines années ».

L'étonnant est que ce texte n'ait pas davantage étonné. En effet, accélérer la demande intérieure de 1 à 2 points pendant deux à trois ans, cela pourrait représenter, pour la CEE, par rapport à la tendance, 3 à 5 millions d'emplois supplémentaires sur trois ans et, en France même, un ordre de grandeur de plus de 500 000 avec, au bout du compte, un PIB accru d'environ 3 000 francs par habitant.

Autrement dit, pour la première fois depuis le premier choc pétrolier en 1973, voici qu'une analyse objective et responsable nous dit *non plus de nous serrer la ceinture, mais au contraire de dépenser plus* pour que notre économie et l'économie mondiale marchent mieux. Cette recommandation a été reprise en des termes voisins par l'OCDE en février 1988.

Mieux, c'est aujourd'hui notre *devoir* de nous accorder ces plaisirs interdits depuis quinze ans.

Pour nous-mêmes d'abord : un supplément de croissance est indispensable pour augmenter le nombre des vrais emplois. Il est aujourd'hui démontré que le chômage devient en Europe un phénomène cumulatif : au lieu de favoriser la flexibilité, il tend à accentuer les rigidités du marché de l'emploi qui, elles-mêmes, entretiennent le chômage [1].

En acceptant ce cadeau des dieux, nous rendrions également service à l'ensemble de nos partenaires, à commencer par les pays en voie de développement qui pourraient ainsi nous acheter davantage. Et ainsi de suite.

Il faut aller plus loin : les gouvernements des pays européens ne devraient raisonnablement exiger une réduction du déficit budgétaire américain que s'ils sont prêts à prendre le relais par une expansion budgétaire suffisante pour éviter la récession mondiale qui menace.

Difficile à comprendre

Paradoxalement, cet agréable message des Trente-Trois est difficile à comprendre, en particulier pour ce qui concerne l'économie française.

« Comment, nous objectera-t-on, pouvez-vous nous tenir un pareil langage ? Depuis 1975, vous avez été de ceux qui n'ont cessé de militer pour la politique de la lutte contre la crise par la rigueur économique et financière. Vous nous

1. Telle est la conclusion, impressionnante, d'une étude de Brookings Institution qui a travaillé pendant deux ans sur les obstacles à la croissance économique en Europe, *Barriers to European Growth*, Washington, 1987.

Soyons concrets : sans croissance, on ne peut guère créer comme emplois supplémentaires que des petits boulots. Il y a en moyenne deux fois plus d'employés de restaurants aux États-Unis qu'en France. Devrons-nous cesser de cuisiner en famille pour permettre à nos enfants de nous servir des hot dogs dans les fast foods ? C'est, à la limite, la question qui se pose.

disiez : regardez les Allemands, regardez les Japonais ; si nous voulons que la France s'en sorte, il faut faire comme eux : épargner plus, travailler mieux, exporter davantage.

» Nous vous avons cru, vous et vos semblables. Nous avons consenti des sacrifices tels qu'aujourd'hui la stabilité des prix en France est devenue exemplaire. Et c'est à ce moment précis que vous revenez pour nous dire : attention, voici une nouvelle crise qui se prépare, alors il faut faire demi-tour, revenir en arrière, oublier le modèle allemand et le modèle japonais, imiter en France le laxisme reaganien qui fait aujourd'hui la chute du dollar et les difficultés de l'Amérique...

» Non, vraiment, nous n'y comprenons rien. »

Il faut être attentif à ce raisonnement de bon sens, d'autant que le rééquilibrage de l'économie française n'est pas achevé. Il y a deux sortes de pays en Europe, les lièvres et les tortues : d'un côté, l'Espagne, la Grande-Bretagne et l'Italie où l'expansion rapide entraîne le déficit extérieur ; de l'autre, l'Allemagne, les Pays-Bas et la Belgique où la croissance lente permet de dégager des excédents extérieurs ; quant à la France, malgré la lenteur de la croissance, sa balance des paiements se dégrade. On nous le répète tous les jours. C'est le fameux théorème de l'équilibre extérieur ; la limite au pouvoir d'achat des Français n'est autre que le niveau de vente des produits français à l'étranger. Ce qui limite notre expansion, c'est la faible capacité que nous avons de couvrir le coût de nos achats par le produit de nos ventes. Autrement dit, le taux de croissance maximal est celui qui correspond à l'équilibre de nos échanges extérieurs.

« Vous nous enseignez ce théorème depuis plus de dix ans et voici que maintenant, malgré le déficit extérieur de la France, vous nous dites que les Français doivent dépenser plus ! Vous n'êtes vraiment pas des cracks de la communication ! »

Non, nous ne tombons ni dans le laxisme ni dans la contradiction. L'explication, la voici. Elle tient en trois points.

1) Ce que les Trente-Trois proposent à l'Europe, ce n'est pas de consommer plus – contrairement au Japon – mais d'investir davantage. Les experts ne nous remettent pas un cadeau du ciel, ils constatent que, l'assainissement des économies européennes étant très avancé, il est permis, après des années d'efforts, de commencer à en recueillir les fruits.

2) Le théorème de l'équilibre extérieur est toujours valable. C'est pourquoi les Trente-Trois ne disent pas que c'est la France mais l'Allemagne, et surtout l'Europe considérée dans son ensemble, qui disposent de marges de croissance inexploitées. La France, prise isolément, devra au contraire maintenir son corset de rigueur d'autant plus que la conjoncture internationale ne peut que se détériorer à une échéance de quelques trimestres.

3) En Europe, à l'exception du Bénélux, le seul pays qui peut se payer un supplément d'expansion est aussi celui qui ne veut pas le faire : l'Allemagne. Pour comprendre les Allemands, il suffit de se demander ce qui arriverait aujourd'hui en France à un candidat aux élections qui déclarerait : « Avec moi, l'économie marchera mieux parce que j'augmenterai le déficit budgétaire. » Ce candidat n'aurait

aucune chance. L'expérience de 1981-1983 est trop récente pour que l'opinion ne se méfie pas des illusionnistes de la relance. Eh bien ! cette méfiance est encore plus vive, plus enracinée chez les Allemands.

Ce n'est pas tout. Début 1988, le gouvernement allemand a découvert que le déficit des finances publiques dépassera ses prévisions. La raison en est le ralentissement de la croissance. Une bonne gestion économique à moyen terme, dans ce pays sans inflation, voudrait que l'on raisonne au deuxième degré et que l'on accentue cette relance budgétaire initiale. Mais l'opinion ne raisonne pas au deuxième degré. Elle raisonne au premier degré et en termes de morale élémentaire : un déficit, c'est un trou, une maladie, un vice, une tache. La rigueur lave plus blanc. Elle est toujours à l'ordre du jour outre-Rhin.

Il est vain d'attendre de la raison des économistes qu'elle touche le cœur des gouvernants au point qu'ils fassent le contraire de ce pour quoi ils ont été élus.

Ainsi, pris isolément, chacun des pays d'Europe ressemble à un prisonnier qui, les menottes aux mains, verrait passer devant lui des mets exquis et ne pourrait y goûter.

S'ils en restent là, les pays d'Europe paieront deux fois la nouvelle crise qui s'annonce : directement parce qu'ils seront, on l'a vu, la cible privilégiée des offensives commerciales des autres pays du monde, cible d'autant plus attrayante d'ailleurs que la réalisation de l'objectif 1992 se rapprochera ; indirectement parce qu'ils auront laissé passer la récompense des dieux avec, répétons-le, 2 à 3 millions d'emplois à la clé, particulièrement dans le bâtiment-travaux publics, l'artisanat, les loisirs, l'activité touristique, etc.

Le multiplicateur d'efficacité communautaire

Stimuler l'expansion, on sait le faire. Il y a deux grands types de méthodes.

Le premier concerne l'efficacité de *l'offre,* la compétitivité des entreprises ; c'est l'enjeu du grand marché intérieur à l'horizon 1992 et les possibilités qu'il ouvre sont, on le verra au chapitre VIII, considérables et directement liées à un véritable multiplicateur d'efficacité communautaire. Mais cette méthode, la plus efficace à long terme, est aussi, par nature, relativement lente à manifester globalement ses effets. Or, il faut faire vite pour compenser par avance les tendances récessionnistes qui viendront bientôt d'Amérique.

Le deuxième type de méthode est le soutien de *la demande.* Ses effets sont plus rapides mais plus dangereux ; elle comporte trois instruments principaux :

— l'augmentation des salaires réels ; l'Allemagne l'utilise vigoureusement depuis deux ans mais, pour la France, ce serait prématuré ;

— la baisse des taux d'intérêt, très avancée aussi en Allemagne mais qui, pour la France, est limitée par le degré de confiance qu'inspire le franc, ce qui pose toute la question des conditions de fonctionnement du SME et des progrès vers l'union monétaire européenne ;

— l'augmentation du déficit des finances publiques, soit

par réduction des impôts, soit par augmentation des dépenses. Selon les États-Unis, nous devrions sans hésiter nous engager dans cette voie sur leurs traces... Même le Japon, où pourtant l'État est plus lourdement endetté qu'en France, nous en donne l'exemple : depuis 1986, les nouveaux programmes d'investissements publics ont représenté l'équivalent de 4,3 % du PIB japonais soit, en proportion, l'équivalent d'un doublement du déficit français.

Mais, encore une fois, ne rêvons pas. Pour les pays d'Europe, l'augmentation du déficit budgétaire est soit une impossibilité financière, soit un tabou [1], soit les deux. Le rapport des Trente-Trois précise d'ailleurs que l'augmentation nécessaire des investissements pour l'Europe doit être faite « de manière à éviter une surcharge des budgets nationaux ». Mais alors, comment faire ?

Il y a une solution communautaire, et si elle n'a pas été mise en œuvre plus tôt, c'est parce que les États préfèrent le « chacun pour soi » qui présente tous les avantages sauf un, l'efficacité.

Cette méthode a été exposée dans le rapport Albert-Ball rédigé en 1983 à la suite d'une demande du Parlement européen [2]. A l'époque, la politique restrictive des États-Unis avait entraîné pour l'économie mondiale la récession la plus sévère depuis les années trente. La CEE en était particulièrement atteinte. C'est pourquoi le Parlement européen

1. C'est pourqoi la République fédérale, fin 1987, a proposé aux Länders des bonifications d'intérêts pour les inciter à augmenter leurs investissements. De cette manière, l'essentiel de l'impact budgétaire s'inscrit non dans les comptes de l'État général (du Bund), mais dans ceux des Länder. Nuance importante en vue des prochaines élections fédérales.

2. Ce rapport a été repris pour l'essentiel dans le livre de Michel Albert, *Un pari pour l'Europe*, Éditions du Seuil, 1983.

s'était préoccupé d'étudier les moyens de redresser la croissance de l'économie européenne. Le rapport Albert-Ball, établi à cet effet et largement discuté par les différentes instances européennes, perdit alors son actualité pour la raison que nous avons rappelée au chapitre II : la crise des paiements du Mexique avait obligé les États-Unis à relâcher leur politique monétaire, ce qui avait suscité une expansion à la fois inattendue, artificielle et durable, puisqu'elle se prolonge encore cinq années plus tard, grâce à l'accumulation des déficits des États-Unis. Mais ceux-ci ne peuvent pas être éternels, ils vont désormais devoir être réduits, c'est pourquoi le rapport au Parlement européen est plus actuel que jamais.

La méthode qu'il propose part de deux données principales.

En premier lieu, il existe un multiplicateur d'efficacité communautaire pour la stimulation de l'activité économique. En effet, étant donné que la plupart des pays de la CEE font la majorité de leurs échanges commerciaux entre eux, toute politique de stimulation menée dans le désordre demeure précaire et peu efficace. Si, au contraire, les pays membres mènent ensemble une action coordonnée, la Communauté tout entière en bénéficie à plus large échelle. C'est en partant de cette analyse que, depuis 1984, à l'initiative de Jacques Delors, la Commission plaide avec vigueur en faveur d'une stratégie coopérative de croissance.

Celle-ci devrait aujourd'hui mettre en œuvre la capacité d'emprunt propre des institutions communautaires, et tout particulièrement de la Banque européenne d'Investissement pour financer des investissements supplémentaires, soit dans la CEE elle-même, soit dans certains pays tiers, à la condition que, dans tous les cas, ces investissements donnent lieu à des commandes au profit d'entreprises européennes.

Les ordres de grandeur caractéristiques de l'action proposée sont mis à jour dans le tableau 1, « Evolution économique de la CEE, 1988-1992 » [1].

1. *Aspect économique.* Le modèle réactualisé présente deux variantes :

— Variante A. Un emprunt communautaire d'environ 20 milliards d'Ecu par an pendant trois ans. On obtient, grâce au multiplicateur communautaire, une accélération de la croissance d'environ 1 % par an (0,6 point la première année ; 1,2 point la deuxième ; 1,1 point la troisième et 0,6 point la quatrième et la cinquième année).

— Variante B. L'emprunt communautaire est prolongé de deux ans (soit cinq ans au total) et permet de financer 100 milliards d'Ecu. L'accélération de la croissance se maintient et s'établit à 1,2 point en 1991 et 1,3 point en 1992.

Il importe de souligner que le volume d'emprunt ainsi mis en œuvre est modéré puisqu'il ne représenterait par an qu'environ 15 % du déficit budgétaire des États-Unis.

A noter également que la balance courante reste très près de l'équilibre jusqu'en 1990, sa détérioration en 1991 et

1. Il va de soi que l'année de départ a été retenue à titre purement illustratif : on a fait abstraction, par hypothèse, des délais de préparation et d'application. Ces délais, de l'ordre de un à deux ans minimum, ne font que souligner l'urgence des décisions à prendre.

Tableau 1

ÉVOLUTION ÉCONOMIQUE DE LA CEE

	1980-1973	1986-1982	1987*		1988	1989	1990	1991	1992
PIB (% par an)	2,3	2,2	2,4	Tendanciel	1,8	2,1	2,4	2,8	2,6
				Scénario A	2,4	3,3	3,5	3,4	3,2
				Scénario B				4,0	3,9
Emploi (% par an)	0,1	0,2	0,9	Tendanciel	0,4	0,3	0,4	0,6	0,6
				Scénario A	0,6	0,9	1,4	1,6	1,5
				Scénario B				1,8	1,8
Taux de chômage (% pop. active)	4,7	11,6	11,6	Tendanciel	11,9	12,0	11,9	11,5	11,0
				Scénario A	11,7	11,2	10,2	8,8	7,4
				Scénario B				8,6	8,9
Prix de la consommation privée (% par an)	12,3	6,3	3,2	Tendanciel	3,3	3,1	3,2	3,1	3,1
				Scénario A	3,0	3,0	3,0	3,0	3,0
				Scénario B				3,0	3,1
Salaire réel par salarié (% par an)	2,5	0,8	1,4	Tendanciel	1,3	1,4	1,6	1,7	1,8
				Scénario A	0,8	0,8	0,8	1,2	1,5
				Scénario B				1,3	1,7
Déficit public (% du PIB)	-3,5	-4,9	-4,4	Tendanciel	-4,7	-4,4	-4,3	-4,0	-3,7
				Scénario A	-4,7	-4,2	-4,0	-3,5	-3,2
				Scénario B				-3,4	-3,0
Balance courante (% du PIB)	0,5	0,5	1,0	Tendanciel	0,6	0,4	0,0	-0,2	-0,1
				Scénario A	0,4	0,2	-0,1	-0,3	-0,2
				Scénario B				-0,3	-0,3

A : avec arrêt des actions emprunts/prêts communautaires après 1990.
B : avec maintien jusqu'en 1992 de ces actions.
* Chiffres de janvier 1988.

1992 restant très proche de celle que prédit le scénario de base tendanciel.

2. *Aspects sociaux.* L'un des résultats les plus remarquables du scénario de stimulation est l'augmentation rapide du nombre des emplois. Cette augmentation correspond, sur la base de 125 millions d'emplois dans la CEE en 1987, à un accroissement d'environ 7,6 millions à l'horizon 1992 dans le scénario A et 8,3 millions dans le scénario B. Dans le scénario A, 4,7 millions sont directement imputables à la politique de stimulation (5,4 millions dans le scénario B). Ces résultats sont si favorables, compte tenu de la gravité du chômage dans la CEE, qu'ils appellent un examen particulièrement critique. Deux points méritent d'être soulignés en ce sens :

— En premier lieu, les travaux les plus récents montrent que, grâce à la politique d'assainissement globale et de renforcement de la structure des entreprises menée depuis plusieurs années, la CEE se trouve désormais dans une situation beaucoup plus favorable pour augmenter son emploi : le seuil à partir duquel l'emploi commence à augmenter correspond aujourd'hui à un taux de croissance de 1,7 %, alors qu'il était de 2,1 % pendant la période 1973-1979 et de 4,2 % pendant la période 1960-1973. Cela tient aussi aux nouvelles structures de la production dans laquelle les services, gros consommateurs de main-d'œuvre, se substituent à l'industrie qui emploie de moins en moins de monde.

— Par ailleurs, il convient de souligner que, pour bien marquer le contraste du scénario de stimulation par rapport à la tendance, on a supposé que le salaire réel par personne occupée serait stabilisé pendant trois ans, au lieu d'augmenter de 1,3 à 1,6 % par an en moyenne. Il y a là une hypothèse lourde correspondant à environ 1 emploi supplémentaire sur 4. Quoi qu'on dise, il y a bel et bien, dans nos économies d'aujourd'hui, un rapport inverse entre salaire et emploi ; on ne développe pas celui-ci en accroissant trop vite celui-là.

Cette même hypothèse est liée à un taux d'inflation légèrement amélioré dans le scénario de stimulation.

3. *Aspects financiers.* Au départ, on s'est donné pour contrainte de ne pas augmenter les déficits budgétaires des États membres. A l'arrivée, on constate que le déficit public est réduit de 0,5 % du PIB en fin de période dans la variante A et 0,70 % dans la variante B, parce que l'activité ainsi stimulée génère des recettes fiscales supplémentaires. Ce résultat favorable est d'un ordre de grandeur comparable à celui des emprunts supplémentaires à contracter par la Communauté. L'opération se boucle donc et son influence sur les taux d'intérêt devrait être non significative.

Pour que l'emprunt communautaire puisse entraîner des investissements supplémentaires, il faut que ceux-ci puissent bénéficier de bonifications d'intérêt. Le coût d'une bonification moyenne de 3 points peut être évalué à 2,5 millions d'Ecu par an.

Ces bonifications pourraient être financées très largement sur la réduction globale du déficit public. Par ailleurs, les décisions prises au sommet de Bruxelles en février 1988 sur les fonds structurels ont permis de dégager des ressources supplémentaires qui pourraient éventuellement être utilisées, au moins en partie, pour servir ainsi de levier à l'investissement.

Où investir ?

A cette question, les réponses peuvent être multiples, en fonction de considérations politiques autant qu'économiques.

Il nous semble que si l'Europe voulait saisir l'occasion de la « récompense des dieux » pour se montrer à la hauteur de sa vocation, elle ne devrait pas se borner à agir au sein de la Communauté, même si les besoins sont immenses, notamment en Espagne, au Portugal, en Grèce et en Irlande. Nous proposons que l'on débatte d'un double effort de la Communauté au profit de l'Europe de l'Est d'une part, du sud de la Méditerranée d'autre part.

Il y aurait ainsi trois parts.

1) Au sein de la Communauté, la politique d'austérité qui a frappé les investissements publics depuis dix à quinze ans laisse d'immenses besoins insatisfaits.

A la suite des initiatives prises par la Round Table d'industriels réunie par le président de Volvo, Pyer Guyllenhamar, une masse d'investissements de l'ordre de 50 milliards d'Ecu a été identifiée sur un ensemble de projets (tunnels et TGV transnationaux, télécommunications, environnement, transports) dont la rentabilité financière (de l'ordre de 7 à 10 %) se doublerait d'une rentabilité équivalente en termes économiques, c'est-à-dire de bien-être des consommateurs et des entreprises.

Faut-il ajouter que ces projets sont une première tranche qui ne comporte par exemple pas ce qui serait nécessaire pour éviter l'aggravation des embouteillages dans les grandes villes et aux abords des aéroports, ni même pour éviter que la Méditerranée ne devienne un cloaque : aujourd'hui, les 4/5e des effluents d'égouts s'y déversent sans aucune épuration !

Enfin, dans une perspective dynamique d'aménagement du territoire, la stimulation économique de la CEE par l'investissement mériterait de prendre en compte la représentation géographique et la répartition géographique des villes européennes qui fait ressortir tout le sud-ouest de la Communauté, de Paris jusqu'à Lisbonne, comme un vaste Finistère à l'écart de l'axe vital de l'Europe. Le traité de Rome a retenu pour objectif un développement régional harmonieux. L'équilibre des fonctions internationales des villes dans la CEE sera de plus en plus une question communautaire.

2) Le moment n'est-il pas venu, pour la Communauté, d'entreprendre une vaste action de coopération économique au profit des « Démocraties populaires » de l'Europe de l'Est (Hongrie, Pologne, RDA, Tchécoslovaquie notamment) ? Les arguments en faveur d'une telle action sont multiples : la pauvreté de ces pays, le poids de leur endettement et leurs aspirations à se rapprocher des pays à économie de marché ; l'utilité de développer une action d'ouverture éco-

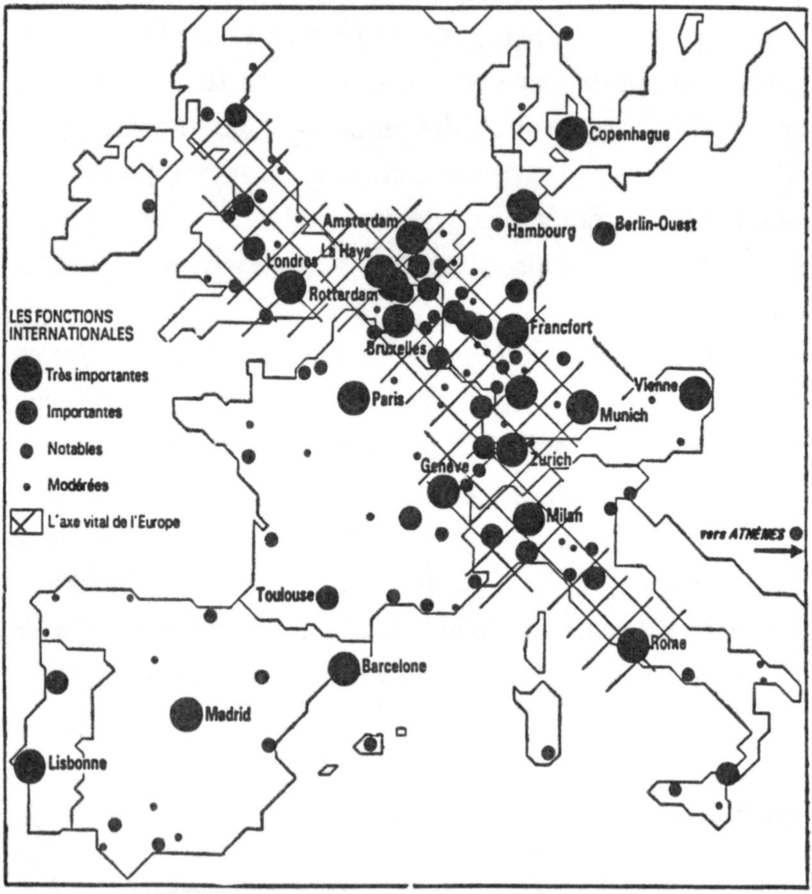

Cette carte est le résultat d'une étude demandée l'été dernier par la délégation à l'aménagement du territoire et à l'action régionale (DATAR), à l'équipe de géographes de RECLUS de Montpellier. Ceux-ci ont associé plusieurs critères (sièges sociaux de grandes firmes, capacités de communication, salons, congrès internationaux) pour essayer de mesurer le degré d'attractivité et d'influence internationale des grandes villes européennes (de plus de 200 000 habitants). On constate que les métropoles françaises présentent un caractère de fragilité en Europe par rapport à celles des autres pays voisins. Un « axe lourd » de développement partant de l'Ecosse traverse le sud de l'Angleterre, le Benelux, l'Allemagne centrale et du sud, et descend vers Rome. En France, seules Lyon, Toulouse, Strasbourg et Paris « comptent » vraiment. Au moment où la concurrence entre grandes villes se durcit pour attirer entreprises américaines ou japonaises, centres de recherche, organismes internationaux, grandes écoles, les handicaps français sont de nature à interpeller vivement tous les responsables de l'aménagement du territoire.

« Importance internationale des villes européennes »,
in *le Monde,* 4 mars 1988.

nomique en leur faveur par symétrie avec l'offensive diplomatique de Gorbatchev ; l'intérêt tout particulier que l'Allemagne leur porte et qui risquerait de devenir suspect si ses partenaires ne s'y intéressaient pas eux aussi.

Ici, les deux grandes leçons du plan Marshall demeurent valables : il ne s'agit pas de financer des budgets de fonctionnement, mais des investissements supplémentaires. Le plan Marshall n'a pas seulement été utile au donataire mais au donateur lui-même : l'Amérique a bénéficié indirectement du progrès économique de l'Europe de l'Ouest alors que son objectif initial était essentiellement politique. L'intérêt de la Communauté pour les financements d'investissements à taux préférentiels impliquerait évidemment — on l'a dit — que les commandes correspondantes soient adressées aux entreprises de la Communauté.

Si les pays d'Europe de l'Est ont été obligés, en 1947, de renoncer au plan Marshall, gageons qu'aujourd'hui ils accueilleraient avec empressement un effort analogue en provenance de la CEE. On verrait bien, alors, si Gorbatchev oppose son veto comme l'avait fait Staline à la fin des années quarante.

3) Si l'Europe ne veut pas, au prochain siècle, être submergée par la jeunesse des pays du sud de la Méditerranée, c'est maintenant qu'elle doit commencer à aider les gouvernements de la zone qui va de la Turquie au Maroc en contribuant à la création d'emplois sur place. Il faut redouter ce que serait, à nos portes, l'explosion démographique par manque de développement économique. Or, le seul moyen de lutter efficacement contre les risques intérieurs et

extérieurs liés à l'explosion démographique de ces pays, c'est la croissance économique. Il faut faire vite. A la fin de la guerre, les pays de la façade nord de la Méditerranée étaient deux fois plus peuplés que ceux de la façade sud. Aujourd'hui, les deux populations sont équivalentes. Dans quarante ans, la façade sud sera deux fois plus peuplée que la façade nord.

A l'heure actuelle, la plupart de ces pays sont dirigés par des gouvernements qui ont le courage de mener des politiques relativement libérales.

De plus, en application des accords de Lomé, la Communauté a acquis une expérience précieuse dans l'aide au développement des pays d'Afrique, des Caraïbes et du Pacifique (dits ACP). Cette expérience doit maintenant être étendue dans les pays d'Asie Mineure et d'Afrique du Nord qui font face à la CEE, se référant notamment à la Banque européenne d'Investissements pour contribuer à la création d'un tissu de PME capable de multiplier les emplois urbains [1].

*

Étonnante conjoncture ! Après quinze ans de dérapage inflationniste et de recroquevillement sur ses vieux rhumatismes, la CEE assainie, rajeunie, porteuse du grand dessein du Marché unique, peut enfin commencer à recueillir les

1. Pour la première fois, l'accord de coopération lie explicitement le respect des droits de l'homme à l'ensemble des engagements économiques, un peu à l'image des accords d'Helsinki.

fruits de ses efforts en stimulant sa croissance puisque M. Poehl, lui-même, déclare que la faiblesse de la demande et de la croissance constitue désormais des risques plus grands que l'inflation. Tout y pousse. L'appel des chômeurs à l'intérieur. A l'extérieur, la requête de nos alliés américains qui, comme dans les années cinquante, retrouvent de l'intérêt pour une économie européenne plus vigoureuse.

Allons-nous laisser passer l'occasion de notre propre récompense et choisir la récession inutile plutôt que l'expansion permise ? Les Européens seront-ils, une fois de plus, assez aveugles et masochistes pour se priver de plusieurs millions d'emplois qui viendraient renforcer la stabilité de leurs économies en même temps que leur dynamisme ?

Une politique de redressement de la croissance comme celle qui vient d'être esquissée peut être engagée sans aucun préalable. Mais il faut bien reconnaître que sa mise en œuvre serait grandement facilitée si, dix ans après la création du SME, les pays qui s'y sont engagés étaient prêts à franchir le Rubicon en construisant ensemble, comme ils l'ont depuis longtemps prévu, une véritable monnaie européenne.

CHAPITRE VII

Le Rubicon monétaire

Qui, en France, n'est pas aujourd'hui pour une « véritable monnaie européenne » ? Personne. Unanimité suspecte qui cache chez les uns un calcul inavouable et chez d'autres une ignorance feinte.

Un calcul inavouable parce que fondé sur la conviction que les Allemands assumeront la responsabilité de faire échouer cet ambitieux projet. Déjà, Helmut Schmidt avait dû surmonter des résistances intérieures pour faire accepter le Système Monétaire Européen, lequel se révèle pourtant à l'usage particulièrement bénéfique pour l'Allemagne en freinant la hausse du mark, donc en favorisant les exportations allemandes. Beaucoup pensent, aujourd'hui, chez nous, que les Allemands poseront de telles exigences, afin d'éviter que par le biais d'une monnaie commune ils ne soient pollués par l'inflation et le laxisme de leurs partenaires et qu'ils feront obstacle à un accord final. Alors pourquoi se priver de réclamer une monnaie unique ? Ça ne coûte rien et c'est à la mode puisque ça fait européen.

La fausse ignorance feint d'ignorer que l'Ecu n'est pas une

monnaie et que le Système Monétaire Européen est beaucoup moins européen qu'on ne le dit.

L'Ecu n'est pas une monnaie. Si l'on appelle monnaie un instrument de paiement émis par une banque centrale, on voit bien que l'Ecu ne répond à aucun de ces deux critères : on ne peut rien acheter en Ecu dans un magasin et il n'existe pas de banque centrale européenne.

L'Ecu n'est pas une monnaie, c'est une moyenne. La moyenne pondérée de dix monnaies des pays membres de la CEE. C'est commode, car ça permet, comme toute moyenne, d'arrondir les angles et d'amortir les chocs. Bien souvent, quand l'une des monnaies de ce « panier » se renforce, une autre s'affaiblit, si bien que la moyenne entre les deux ne change guère. Grâce à cette vertu de tempérance, l'Ecu, dit « privé », s'est développé considérablement, notamment comme instrument de tenue des comptes d'entreprises multinationales (chez Saint-Gobain depuis 1983), de facturation des transactions commerciales entre grandes sociétés européennes et comme base de produits financiers, qu'il s'agisse d'emprunts (Club Méditerranée) ou de « monnaie SICAV » (AGF Ecu).

A ces différents titres, la promotion de l'Ecu privé mérite les plus grands encouragements. Mais ne nous laissons pas envoûter par l'effet pub d'un œcuménisme qui met dans le même panier — c'est le cas de le dire — la drachme grecque et le florin néerlandais, la lire italienne et le deutschmark.

Il y a bien aussi un Ecu dit « public » émis par le Fonds Monétaire Européen, mais ce n'est qu'un germe encore insignifiant. Les États s'en méfient, singulièrement l'État allemand qui ne souhaite pas le voir se substituer au mark. N'en parlons pas.

Le Système Monétaire Européen n'est guère européen. Alors que l'on calcule la valeur de l'Ecu (European Currency Unit) en faisant la moyenne de dix monnaies des pays membres, dans le fonctionnement pratique du SME, sept monnaies seulement sont soumises aux contraintes du flottement concerté : celles de la France, de l'Allemagne, des trois pays du Bénélux, du Danemark et de l'Irlande. Les autres n'y sont pas (comme la livre anglaise) ou jouissent d'un régime particulier.

Pourquoi tant d'hésitations à aller vers une monnaie unique ? Parce qu'il faudrait en payer le prix. Personne n'a encore fait le bilan du coût et des avantages d'une monnaie européenne. C'est le moment, car le choix est proche.

Le mètre et le kilo flottants

Supposons que chaque État soit parvenu à conserver sa « souveraineté » sur les systèmes de poids et mesures et qu'il y ait encore, dans le monde, autant de systèmes de poids et mesures qu'il y a de monnaies. Partant de là, imaginons les embarras d'un marchand quelconque, de tuyaux de fonte par exemple, qui ne pourrait faire franchir aucune frontière à son produit sans avoir converti sa longueur et son poids en unités de mesure locales. Cela ne faciliterait pas les échanges.

Supposons en outre que cette conversion coûte des commissions qui seraient l'équivalent des commissions de change. Même réduites, elles seraient un coût supplémentaire.

Supposons enfin que, dans chaque pays, les unités de poids et de longueur, le mètre et le kilo locaux, changent tous les jours comme le fait la valeur de la monnaie et que, pour se protéger contre ces changements d'unité, notre marchand de tuyaux doive payer d'autres commissions. On comprendra aisément que l'échange international des tuyaux de fonte en serait handicapé et surtout déstabilisé. Or, c'est à peu près ce qui se passe pour les monnaies.

D'ores et déjà, par rapport à cette situation, le SME dans sa forme actuelle présente une réelle supériorité.

Au plan technique, l'apport du SME résulte à la fois de son effet de taille et de son rôle stabilisateur.

Il y a, en matière monétaire comme en matière industrielle, des économies d'échelle. De même que, pour une usine, le fait de travailler pour un large marché lui permet, par la production en grande masse, de vendre mieux à moins cher, de même, plus le champ d'action d'une monnaie est vaste et plus celle-ci, toutes choses égales, remplit efficacement sa fonction. A cet égard, la situation de la CEE est simplement dérisoire. Valéry Giscard d'Estaing raconte que le président de la société japonaise NTT (National Telegraph and Telephone) — la première compagnie du monde dont la capitalisation boursière représente à elle seule la totalité du marché de Paris —, passant récemment à Paris, est allé le voir et lui a demandé : « Pourquoi donc, en Europe, avez-vous conservé toutes vos monnaies ? C'est une chose que nous ne parvenons pas à comprendre et qui vous coûte fort cher. » Et l'ancien président de la République a été contraint de reconnaître : « Cela ne sert guère qu'à permettre à chacun de nos petits pays de pouvoir faire plus de bêtises que les autres. »

Le SME a commencé à réduire ces inconvénients dans la mesure où il a réduit la variation des taux de change entre les sept monnaies qui le constituent et cela, alors que la variabilité de toutes les autres monnaies augmentait.

Cette stabilisation résulte d'une discipline commune volontairement acceptée : la réduction des différentiels d'inflation entre les pays membres. En effet, le SME a pour principe de maintenir les parités à leur niveau existant. Quiconque veut dévaluer doit obtenir l'accord de ses partenaires. Ce sont les partenaires qui décident. A cinq reprises depuis 1981, la France s'est trouvée devant cette situation éprouvante où, dans l'obligation de dévaluer le franc, elle a dû, elle, pays champion de la souveraineté nationale, en demander l'autorisation à ses partenaires au premier rang desquels l'Allemagne. C'est dur. Pas seulement pour l'honneur national, mais aussi pour l'économie nationale. Celle-ci doit en effet payer deux fois, avant et après.

Avant, pendant une période floue où le marché commence à anticiper la future dévaluation, l'économie nationale doit accepter de payer des taux d'intérêt plus élevés que ceux des pays partenaires à monnaie plus forte, ce qui freine la croissance ; les entreprises et les ménages français connaissent cela depuis bien des années.

Il faut aussi payer *après,* car les partenaires subordonnent l'accord sur la dévaluation monétaire que vous leur demandez à des mesures de redressement appropriées. C'est cela le plus dur. On se souvient qu'en 1983, lors de la troisième dévaluation du gouvernement socialiste, M. Stoltenberg a vigoureusement exprimé à son collègue Jacques Delors la politique économique que la France devrait désormais suivre, au point que ce dernier a publiquement protesté contre « l'arrogance allemande ». Pourtant, il fallait bien en passer par là car, quand on doit solder le prix des promesses électorales, on se résout le plus souvent à répartir cette charge sur tout le monde en abaissant la valeur de la monnaie, c'est-à-dire en rétribuant moins cher le travail national. De ce point de vue, le SME a joué un rôle historique dans l'apprentissage des réalités économiques par une gauche française absente du pouvoir pendant un quart de siècle.

Les trois âges de la monnaie

Aussi incomplet qu'il soit, le Système Monétaire Européen ouvre la marche vers un nouvel âge monétaire :

— le premier âge commence avec la révolution industrielle, à laquelle il donne son essor. C'est l'âge de la contrainte par la souveraineté de l'or-étalon. Après les péripéties des deux guerres mondiales et les accords de Bretton Woods, ce premier âge, celui des disciplines automatiques, dure jusqu'en 1971. C'est *l'époque disciplinaire* ;

— le deuxième âge, celui des taux de change flottants,

constitue une véritable révolution contre toute discipline imposée soit par le culte sacré de la « relique barbare », soit par l'ordre moral fondé sur l'hégémonie américaine. C'est l'âge des institutions internationales récusées, *l'âge libertaire* qui amplifie, choc après choc, les grands désordres de l'économie mondiale, de crise en krach et de krach en crise ;

— le troisième âge, celui de *l'ordre fiduciaire* (l'ordre de la confiance), vient seulement de commencer avec le SME. Celui-ci constitue un progrès extraordinaire puisque, pour la première fois dans l'Histoire, un groupe de pays obtiennent une certaine stabilité des taux de change de leur monnaie sans recourir ni aux disciplines automatiques et arbitraires de l'or, ni à l'hégémonie d'un pays prêteur de dernier ressort comme l'étaient les États-Unis dans le système de Bretton Woods : si la RFA exerce un rôle prédominant, ce n'est ni en raison de sa taille ni du fait d'un impérialisme quelconque, c'est simplement parce que les Allemands, échaudés par l'Histoire, ont fait du deutschmark une monnaie forte. Si la RFA avait mené des politiques démagogiques et si la Suisse était membre du SME, c'est la Suisse qui tiendrait le rôle actuel de la RFA.

Là, est le sens profond du SME : pour la première fois dans l'histoire des relations monétaires internationales, un certain commencement d'ordre est né, non point d'une contrainte disciplinaire mais d'un dialogue constructif, d'un compromis coopératif entre des pays qui, pour le meilleur et pour le pire, commencent à comprendre qu'ils sont embarqués sur le même bateau.

Après la contrainte disciplinaire qui ne convient plus à

des sociétés aussi libres et évoluées que les nôtres, après le désordre libertaire du « système » des taux de change flottants fonctionnant au hasard de son inconscience tragiquement ludique (que l'on pense aux faillites, aux licenciements, aux ruines qui en sont le lot), le SME constitue la première expérience, certes imparfaite et même boiteuse, vers ce qui sera le troisième âge de la monnaie, l'âge du *compromis fiduciaire* entre les principales zones monétaires du monde. Il nous semble qu'à ce seul titre, nous pourrions être fiers du SME. C'est d'ailleurs pourquoi, suivant en cela les propositions du gouvernement français, les Trente-Trois proposent, à travers ce que l'on appelle les « zones cibles », une transposition au plan mondial du SME.

Ne tombons pas pour autant dans l'illusion. Il n'est pas certain, tant s'en faut, que le niveau de conscience et de communication dans nos sociétés soit suffisant pour permettre la reconstruction du Système Monétaire International sans recours à des méthodes disciplinaires. Et quant au SME, le plus probable est qu'il doive choisir entre sa banalisation dans une grande zone dollar et son achèvement sous la forme d'une véritable monnaie européenne.

Tout ce qui précède définit les deux implications qu'il s'agit de prendre en compte avant de franchir ce Rubicon : d'un côté, un avantage économique considérable ; de l'autre, des exigences politiques rigoureuses.

Monnaie commune : un gisement de prospérité

L'opinion publique a bien compris, aujourd'hui, l'existence des économies d'échelle, c'est-à-dire les avantages d'une production concentrée, en grande série, pour améliorer les prix de revient. C'est pour cela que les restructurations industrielles, en dépit de leur caractère si souvent douloureux, sont de mieux en mieux acceptées dans l'ensemble.

Mais on ne voit pas aussi clairement qu'il existe pareillement des économies d'échelle en matière monétaire. Pour le comprendre, commençons par constater que plus un pays est petit et plus sa balance extérieure est soumise à des aléas, à des risques importants. Comme on l'a vu, la contrainte extérieure est d'autant plus contraignante qu'il y a davantage d'extérieur et, dans les échanges, il y a d'autant plus d'extérieur qu'il y a moins d'intérieur.

En somme, l'utilité d'une monnaie commune à plusieurs pays est analogue à celle d'une compagnie d'assurances. Elle permet d'établir entre les pays membres une compensation des aléas qui autorise chacun à prendre davantage de risques avec de moindres inconvénients. En effet, l'assurance est précisément l'activité qui a pour fonction de produire des économies d'échelle dans son domaine propre, celui de la gestion des risques.

Voici deux applications concrètes de cette constatation

générale qui ont précisément trait à la stimulation nécessaire de la croissance économique en Europe, à la mise en œuvre de ce que nous venons d'appeler la « récompense des dieux ».

Première application : avec onze monnaies différentes, le coefficient moyen de dépendance extérieure des pays de la CEE est d'environ 25 % ; avec une monnaie commune, il serait seulement de 13 % (à peine plus que les États-Unis). D'où le multiplicateur d'efficacité communautaire. Mais ce n'est pas tout. Si la Communauté avait achevé son unité monétaire, avec une seule balance des paiements envers l'extérieur, les excédents des zones les plus compétitives, telles que la zone allemande, viendraient automatiquement compenser les déficits des zones moins compétitives, ce qui donnerait un deuxième effet de levier au coefficient d'efficacité communautaire.

Seconde application. Nous avons vu que, pour assurer rapidement la relance de l'investissement au niveau communautaire, il faut que les institutions communautaires empruntent davantage. Qu'elles s'endettent. Or il se trouve que la création de monnaie se fonde de plus en plus sur l'endettement dans cette monnaie. Il n'y a pas de monnaie complète avec son taux de change et son taux d'intérêt directeur sans une dette publique en face d'elle.

Cette donnée constitue, en l'occurrence, une chance supplémentaire. Parmi les conditions à remplir pour que l'Ecu devienne une véritable monnaie européenne, avec un véritable taux directeur, il faut une dette publique européenne dont les titres, souscrits par la Banque centrale européenne, feraient l'objet d'achats et de ventes par des opérations dites d'*open market* servant à réguler un marché monétaire européen. Quand une banque centrale veut injecter de la monnaie dans le circuit économique, elle émet de la monnaie supplémentaire pour racheter ces titres dans le public ; quand elle veut freiner l'activité ou l'inflation, elle vend des titres et stérilise la monnaie qu'elle récupère en échange.

Mieux, si l'Europe était une unité monétaire, il lui semblerait naturel d'accepter un solde commercial négatif avec le Tiers-Monde pour aider les pays endettés à payer les intérêts de leur dette avec l'excédent de leurs exportations. Ce serait pour eux un facteur de prospérité dont l'ensemble de leurs partenaires, à commencer par l'Europe, bénéficierait indirectement.

Le grand public a tendance à amalgamer les symboles de l'unité européenne. Le drapeau de l'Europe ou le passeport communautaire, par exemple, c'est très bien ; on trouve une certaine fierté à prendre sa file CEE dans les aéroports, mais cela n'apporte pas grand-chose de plus. Deuxième symbole, lié au grand mythe de 1992, la suppression des douaniers aux frontières ; elle serait très utile mais, malgré la puissance du mouvement vers le grand marché intérieur, on n'en est pas là. Tandis que le jour où nous aurions la même monnaie, y compris les mêmes billets de banque en usage dans les douze pays, ce *symbole* serait aussi un *instrument* de prospérité extraordinaire. Mais — si l'on peut dire — d'un prix élevé, car une monnaie unique nous imposerait une plus grande discipline et une plus grande solidarité.

Monnaie commune : une exigence d'autodiscipline

C'est la grande inquiétude des Allemands : comment éviter que la discipline monétaire, qui leur a si bien réussi, ne subisse un effet de dilution à partir du moment où le pouvoir d'émission monétaire serait exercé par une banque centrale européenne ? Les précautions juridiques à prendre seraient, aux yeux des Allemands, d'autant plus grandes que l'orthodoxie monétaire est un article du credo national sans équivalent chez leurs partenaires. Outre-Rhin, un principe domine le tout : la monnaie est une chose trop sérieuse pour la confier aux hommes politiques. Une rigoureuse séparation des pouvoirs est donc indispensable. La Bundesbank et, à un moindre degré, le Federal Reserve aux États-Unis sont des organismes strictement indépendants du gouvernement en exercice, ne relevant que de leur conseil d'administration respectif.

La France a demandé, depuis le sommet de Versailles en 1982, la création d'une banque centrale européenne. Cette requête aurait davantage de crédibilité, notamment aux yeux des Allemands, si l'indépendance totale de la Banque de France par rapport au ministère des Finances était légalement assurée. En 1985, Charles Pasqua avait déposé une proposition de loi en ce sens. Elle n'a pas été adoptée. Il y a à cela des raisons techniques, mais aussi politiques : la Rue-de-Rivoli veut se réserver, en cas de besoin, le pouvoir de créer de la monnaie pour contribuer éventuellement au financement du budget... autrement dit, pour reprendre l'expression de Valéry Giscard d'Estaing, le droit de faire plus de bêtises que les pays voisins.

Juridiquement, l'Ecu ne deviendra une véritable monnaie européenne que si les pays participants renoncent à leur privilège dit « souverain » d'émettre de la monnaie. Économiquement, ce privilège tend à être éliminé par les rigueurs de la contrainte extérieure et les exigences de la compétitivité. Il ne subsiste plus guère que comme la faculté un peu enfantine de s'offrir, de temps en temps, après un carnaval électoral, une bonne dose de démagogie qui se solde par l'inflation et la dévaluation. Le reste du temps, l'économie française doit payer, année après année, ces fantaisies sous la forme de taux d'intérêt réels et d'impôts beaucoup plus élevés que dans tous les pays comparables.

Voilà la vérité toute nue. Aujourd'hui, le franc français constitue pour l'économie française un obstacle à son développement, en quelque sorte un vieil outil rouillé, trop petit, inadapté. Le seul prétexte qui peut encore lui servir de pseudo-justification, c'est l'idée que les Français demeurent un peuple folâtre qui, pour se faire plaisir, éprouve périodiquement le besoin de faire plus de bêtises que les autres.

En demandant la création d'une banque centrale européenne sans commencer par prouver qu'il renonce à toute confusion de pouvoirs en matière monétaire, le gouvernement français nuit à sa crédibilité. Mais voyons bien quel est ici l'enjeu final de la crédibilité.

Accepter la création d'une véritable monnaie européenne, c'est franchir un Rubicon. Si, après coup, un mouvement social analogue à celui de Mai 68 éclatait en France, et en France seulement, il deviendrait alors impossible de solder par la dévaluation les surcoûts de l'explosion salariale. Faute de pouvoir dévaluer la monnaie, c'est-à-dire diluer et étaler ces surcoûts, il faudrait inéluctablement les payer tout de suite, par une multiplication des faillites d'entreprises. Reconnaissons qu'il y a là de quoi faire réfléchir la classe politique.

Les Français sont-ils un peuple suffisamment évolué et conscient pour s'imposer désormais la bienfaisante autodiscipline intérieure nécessaire pour fonder une vraie monnaie européenne ? Là encore, on le voit, ce sont l'intelligence du réel et la capacité de communiquer entre peuples qui sont en cause. A ce double titre, notre réponse personnelle est positive : oui, les Français ont bien compris que les monnaies faibles font aujourd'hui des pays faibles et des sociétés injustes ; oui, les Français sont conscients que le deutschmark est une monnaie préférable au franc. Et si cette prise de conscience se révèle même insuffisante, c'est la responsabilité propre aux hommes politiques que d'en convaincre l'opinion.

Monnaie commune : une exigence de solidarité

Mais il y a une autre question, c'est celle que ses partenaires renvoient à la RFA : si celle-ci s'inquiète de leur capacité de discipline, eux se préoccupent de son esprit de solidarité.

Pour comprendre cette question, supposons un instant que la Corse soit un pays indépendant, *ayant sa propre monnaie.* Étant donné la faiblesse des exportations tant agricoles qu'industrielles, la balance commerciale de la Corse serait structurellement déficitaire. Certes, la Corse est une région touristique et un « pays » grand exportateur d'hommes de talent attachés à leur terre natale et qui continueraient à y placer une partie de leur épargne. D'où une balance des services excédentaire. Mais, au total, le déficit commercial l'emporterait assurément sur l'excédent des services et, à partir du moment où la monnaie corse serait coupée du franc, il en résulterait une baisse considérable du pouvoir d'achat de la population. Le pouvoir d'achat devrait baisser jusqu'au moment où les entreprises corses, travaillant beaucoup plus pour beaucoup moins cher, l'équilibre de la balance extérieure finirait par se rétablir. Toutefois, sa souveraineté monétaire permettrait à la Corse de masquer provisoirement cette situation par la combinaison classique dévaluation-inflation-contrôle des prix. Mais cette combinaison, l'expérience le prouve, n'aboutit à terme qu'à aggraver le problème.

Supposons maintenant que la Corse demeure dans la zone monétaire franc mais qu'elle dispose d'une *complète indépendance budgétaire,* se réservant la totalité des recettes fiscales et se privant des dépenses de l'État français sur son territoire. Ce serait un grand changement car, on le sait, le budget de l'État français — et plus encore celui de la Sécurité sociale — subventionne largement la Corse. Il n'y a pas lieu de s'en étonner. Dans tous les pays développés, les régions riches subventionnent les régions pauvres. C'est l'un des aspects de la solidarité interne qui caractérise, à notre époque, les unités politico-économiques constituées.

Quant à l'addition des deux indépendances – celle de la monnaie et celle du budget –, elle placerait la Corse, par rapport à la France, dans une situation économique et financière à peu près analogue à celle où se trouve aujourd'hui la Grèce par rapport à la RFA.

On comprend alors la question que posent à l'Allemagne ses partenaires et surtout les moins favorisés. Elle peut se résumer ainsi : nous sommes prêts à faire de grands efforts pour que l'Ecu devienne une vraie monnaie européenne ; nous admettons que l'Ecu soit géré de manière rigoureuse, en s'inspirant de l'exemple du deutschmark. Mais, en contrepartie, vous, Allemands, qui êtes le pays le plus riche et le plus excédentaire en capitaux, êtes-vous prêts à consentir *l'effort de solidarité* nécessaire pour que les pays et les régions les moins favorisés de la CEE puissent devenir rapidement de véritables partenaires à part entière du développement économique et social commun ? Êtes-vous prêts, pour cela, à payer des impôts supplémentaires dans le cadre du budget de la CEE ? – Sous un aspect particulier dit des « fonds structurels », cette question a été tranchée de manière relativement positive au sommet de Bruxelles en février 1988.

Cette grande question du degré de solidarité budgétaire minimum à établir parallèlement au grand marché intérieur et à l'union monétaire a fait l'objet récemment d'un rapport fondamental dit « Rapport Padoa-Schioppa [1] ».

1. Ce rapport, établi par un groupe d'experts placé sous la présidence de Tommaso Padoa-Schioppa, directeur général adjoint de la Banque d'Italie, a

Ce rapport comporte deux enseignements essentiels pour la construction de l'Europe monétaire :

– « Il est fondamentalement incompatible de maintenir des marchés de capitaux ouverts, des taux de change stables et des politiques macro-économiques autonomes. » Or, d'une part, la liberté des mouvements de capitaux est maintenant une nécessité pour tout pays développé qui veut être compétitif ; d'autre part, la stabilité des taux de change est le premier objectif du SME ; par conséquent, plus aucun gouvernement européen ne pourra à l'avenir mener une politique économique qui ne soit pas harmonisée avec celle de ses partenaires. Il ne le pourra plus en ce sens que, comme pour la Corse (toutes proportions gardées), cela deviendrait beaucoup trop coûteux pour lui.

– Toutes choses égales, dans une zone monétaire unifiée, si l'on veut éviter des inégalités régionales insupportables, des crises sectorielles et des chocs sociaux, il faut un budget commun exerçant des effets de compensation et permettant des transferts d'autant plus importants que le domaine de compétence du budget commun est plus étroitement limité : les États constitués exercent un rôle de solidarité interne pour toutes leurs politiques (marchés publics, défense, éducation, santé). Ce n'est pas le cas pour la CEE. Il lui faut donc devenir d'autant plus active là où elle sera autorisée à agir. Lâchons le mot : on n'obtiendra pas le minimum de stabilité et d'équité requis tant par notre tradition que par les défis qui nous attendent, sans un *état minimum européen.*

été publié en français par les Éditions Economia (1988) sous le titre *Efficacité, Stabilité, Équité.*

Dès l'origine, les institutions européennes comportaient des fonds structurels et des politiques communes destinés à compléter *l'efficacité* du marché commun par *l'équité* des transferts budgétaires : fonds sociaux de la CECA ; politiques régionales ; fonds social européen ; crédits structurels de la politique agricole commune. Ce problème a pris une dimension nouvelle depuis l'adhésion de la CEE, de l'Irlande, de la Grèce, de l'Espagne et du Portugal, pays moins avancés que les autres.

L'exigence de solidarité se résume donc simplement : de même que Paris subventionne la Corse et que, globalement, Paris a intérêt à le faire — pour des raisons d'ailleurs largement extra-économiques —, de même le passage à l'union économique et monétaire suppose que la RFA accepte, à travers le budget communautaire, un effort accru au bénéfice du Portugal par exemple. A supposer que ses partenaires lui donnent toute garantie concernant l'orthodoxie de leur comportement monétaire, la RFA, qui de 1983 à 1987 a réalisé 80 % de l'augmentation de son excédent commercial sur ses partenaires de la CEE, est-elle disposée à consentir à leur profit un effort de solidarité budgétaire suffisant pour qu'ils l'estiment équitable ? Il n'est d'ailleurs pas nécessaire pour cela que les masses en cause augmentent énormément. Ce qu'il faut, c'est sortir de la règle du « juste retour » selon laquelle, dans les jeux budgétaires de la CEE, chaque pays, même les plus riches, devrait pouvoir récupérer ses billes.

Mais d'ailleurs pourquoi toujours renvoyer la balle de la solidarité dans le camp allemand ? Le Rubicon est aussi pour nous, contribuables français : sommes-nous prêts à considérer que le Portugal, la Grèce et l'Irlande ont des droits sur nous, presque au même titre que la Corse, la Corrèze ou la Vendée ?

Sans doute est-ce dans notre intérêt à long terme. Oui, mais...

Que choisir ? Le dollar ou le deutschmark ?

Les positions allemandes et françaises sont bien différentes.

Pour les Allemands, les choses sont claires. Bien sûr, on est favorable à l'objectif final de la monnaie européenne, mais il ne faut pas mettre la charrue avant les bœufs. Les progrès possibles dans ce sens sont déterminés non pas par les humeurs de la Bundesbank, mais par le sérieux des partenaires. Une convergence étroite des politiques économiques à partir du modèle allemand doit précéder les progrès institutionnels. Autrement dit : « Discipline d'abord ; nous ne refusons pas de nous marier, mais faites d'abord la preuve de votre vertu. »

La position française revient plutôt à dire : « Marions-nous d'abord, faites-nous confiance, vous verrez que tout ira bien. » On comprend qu'il soit difficile pour la RFA de s'engager pour l'éternité et l'essentiel, c'est-à-dire la monnaie, avec un pays qui, depuis 1979, a demandé six dévaluations représentant un décrochage de 35 %. Michel

Develle a calculé dans *Vive le franc* [1] que la poursuite au même rythme jusqu'en 2016 mettrait le mark à plus de 11 francs !

En réalité, la position française est embarrassée. Elle oscille entre trois attitudes :

1. *Réformer le SME*

L'Allemagne a profité plus que quiconque du Système en place. En limitant, grâce au poids de ses partenaires, la réévaluation du mark et en réalisant chez eux la majorité de son excédent commercial [2]. Or, la Bundesbank intervient esentiellement sur le marché des changes en dollars et en yens. Il serait normal que les pays européens détiennent les monnaies de leurs partenaires et que, en particulier, la Bundesbank conserve des francs français. Quand notre monnaie faiblit, l'Allemagne en achèterait — sans que nous soyons obligés de les lui racheter ultérieurement, comme c'est le cas aujourd'hui ; et quand le franc se renforcerait — ça arrive ! — l'Allemagne revendrait ses francs.

En un mot, une fois de plus, nous insistons sur la solidarité, et les Allemands sur la discipline.

2. *Sortir du SME*

Mais, derrière ces propositions, il y a un cas qui fait rêver des envieux, c'est celui de la Grande-Bretagne. En refusant de participer au SME et en faisant flotter la livre à la baisse pendant cinq ans, son gouvernement a contribué, c'est cer-

1. Olivier Orban, 1988.
2. Le déficit commercial de la France avec l'Allemagne, de plus de 40 milliards en moyenne sur 1986 et 1987, dépasse largement notre déficit global.

tain, au redressement de l'économie anglaise. C'est ainsi que Jacques Chirac a posé la question de savoir s'il ne vaudrait pas mieux « supprimer le Système (SME) faute de pouvoir élargir et renforcer ce qui constitue actuellement une simple zone deutschmark ». Elargir signifierait obtenir l'adhésion de la Grande-Bretagne. Il n'en est pas question pour le moment. Ce qui, prétendent certains, en dit long sur les coûts que nous, Français, payons pour y rester. En sortant du SME et en faisant flotter le franc plus ou moins près du dollar, nous ferions comme l'Angleterre et comme les petits dragons d'Asie.

3. *Nous rapprocher de la zone dollar*

Le refrain est connu : la hausse des prix depuis vingt ans, en France, en Italie et en Grande-Bretagne est plus proche de celle des USA que de la RFA. Pourquoi donc ne pas suivre le dollar plutôt que le deutschmark ? La RFA a quarante ans d'avance sur nous pour l'abolition du contrôle des prix et du contrôle des changes. Commençons donc par muscler l'économie nationale avant de la livrer à une concurrence internationale sans appel : vieux thème de ceux qui, déjà, il y a trente ans, refusaient de signer le traité de Rome pour les mêmes raisons.

Mais il est vrai qu'à l'époque nous avions le plein emploi, une croissance de champion et, pour alimenter l'un et l'autre, des taux d'intérêt très bas, enviés de tous. Sur chacun de ces points, le SME est aujourd'hui contesté en France. Pourquoi perdons-nous des parts de marché ? Parce que notre investissement est insuffisant. Comment en irait-il autrement alors que, dans l'espoir — jusqu'ici illusoire —

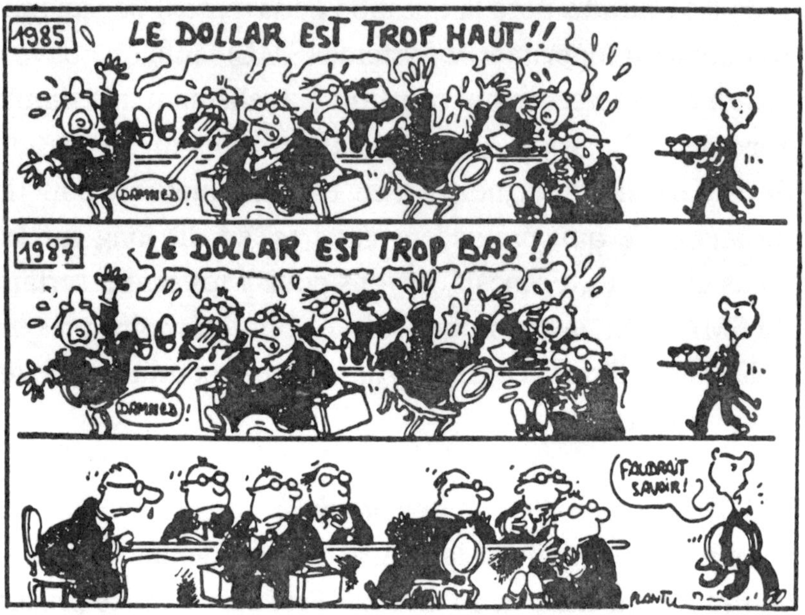

Le Monde, 2 janvier 1988.

de tenir la parité du franc contre le mark, l'économie française se condamne à payer 1 point, 2 points et parfois 3, d'intérêt supplémentaire sur les taux d'intérêt à long terme ?

Des économistes comme Michel Aglietta défendent avec talent cette thèse que l'on pourrait appeler celle du suicide par monnaie surévaluée. Les précédents historiques ne manquent pas : le franc-or du début des années trente que nous avons dévalué trop tard ; la monnaie portugaise de l'ère Salazar, imprudemment accrochée à la livre anglaise.

Et pourtant, l'argument n'est pas convaincant, sauf si le destin de la France devait être celui d'un pays en voie de sous-développement (comme l'a été la Grande-Bretagne dans les années soixante et soixante-dix). C'est-à-dire si notre avenir se réduisait à celui d'une économie exclusivement exportatrice de biens primaires ou faiblement transformés comme des produits agricoles ou des biens intermédiaires tels que l'acier, l'aluminium, les matières plastiques, etc. Pour ces produits, en effet, le prix est déterminant dans la conquête des marchés. La dévaluation compétitive retrouve quelques-unes de ses vertus.

Mais si la France entend se spécialiser dans la production de biens à forte valeur ajoutée, de plus en plus sophistiqués techniquement et commercialement, alors une monnaie forte qui stimule l'offre intérieure vaut mieux qu'une monnaie faible qui encourage la demande extérieure. Dans le premier cas, nous vendons cher notre travail ; dans le second, nous le bradons. De quel destin rêvons-nous ? De celui du Japon ou de celui du Gabon ? Ce pari des bâtisseurs est celui que fait Michel Develle dans son livre courageux *Vive le franc.*

La dévaluation est à la monnaie ce que la réduction de la durée du travail est au chômage. Si la France relâchait son effort monétaire, elle retomberait dans la logique régressive du contrôle des changes, du contrôle des prix, des aides au commerce extérieur, toutes ces vieilles pratiques protectionnistes qui finissent par affaiblir ceux qu'elles visent à renforcer.

Résumons nos propositions en trois points :

1. Au plan général, il est mauvais que les monnaies restent nationales, même si, accessoirement, le fait qu'une monnaie soit nationale peut constituer un amortisseur

social provisoire. Le franc français est devenu un luxe coûteux — et de surcroît dangereux — que l'économie française ne peut plus se payer.

2. Il est encore plus mauvais que le pouvoir national s'approprie la monnaie. Celle-ci doit être au service, non des producteurs et du pouvoir politique, mais des consommateurs, c'est-à-dire des clients de l'économie nationale. Il faut beaucoup de force pour contrebattre la tentation politicienne de se faire plaisir avec la monnaie. Une gestion monétaire saine est impensable sans des mécanismes barbares tels que l'étalon-or ou l'intransigeance d'une autorité indépendante du pouvoir politique. C'est vrai au plan national : vive l'indépendance de la Banque de France ! Encore plus au plan européen : vive l'indépendance de la future Banque Centrale Européenne.

3. Voilà pourquoi, après avoir proposé une stimulation de caractère quasi budgétaire pour accélérer la croissance en Europe, nous n'hésitons pas à affirmer que la référence au deutschmark doit demeurer essentielle dans le SME et le devenir pour l'Ecu. Nous ne croyons guère, en effet, au rêve d'un SME convivial, stabilisé par la vertu de la concertation et dans lequel, chacun des partenaires ayant le même poids, on fixerait en commun des objectifs de croissance et des parités souhaitables. Cet angélisme n'ira pas loin. Une certaine prépondérance de la monnaie la plus stable est nécessaire. A condition que l'Allemagne elle-même en accepte les contreparties.

Là encore, il ne suffit pas de prêcher la bonne parole. Il faut qu'il existe, au sein des mécanismes du Système Monétaire Européen, des automatismes contraignants pour tout le monde. Une issue consisterait à définir une grille de parités des monnaies du SME avec le dollar (alors qu'aujourd'hui elles ne sont définies que les unes par rapport aux autres). Cela fait, on arrêterait une marge de fluctuation entre les monnaies européennes et la monnaie américaine. Lorsque cette marge sera épuisée pour une monnaie donnée, le pays concerné serait contraint d'intervenir. Par exemple, si le mark s'élève trop par rapport au dollar, les autorités allemandes devraient prendre des mesures pour réduire cette tension ; par exemple, abaisser les taux d'intérêt en Allemagne ou stimuler la demande interne par des dépenses budgétaires ou des réductions d'impôts. Toutes choses que les Américains — et les Européens — ont demandé en vain aux Allemands en 1987.

Si, du fait de la baisse de leur population, les Allemands ne trouvent plus chez eux un surplus de demande suffisant, ils devront détruire par le déficit budgétaire l'excès d'épargne qu'ils auront créé. Les dépenses publiques pourront être transférées du budget fédéral vers le budget communautaire, afin de rendre solvable l'immense demande potentielle, d'abord en Europe du Sud, puis en Europe de l'Est, en Afrique du Nord et au-delà.

L'épargne est une manie de vieux qui ne crée de la richesse que si elle va vers les jeunes. Elle n'est productive que si elle circule. C'est cette circulation qu'il faut organiser si l'on veut faire disparaître à terme cette absurdité : une Communauté de nations qui s'étranglent chacune avec leur balance des paiements au lieu d'abolir douze balances particulières pour ne plus en avoir qu'une seule, aux frontières de l'Europe. Les relations économiques entre la Bavière et le

Piémont n'ont aucune raison économique d'être régies, demain, différemment que le sont aujourd'hui celles entre le Dauphiné et le Limousin. Encore faut-il que le Marché unique qu'on nous annonce pour 1992 soit plus qu'un marché.

CHAPITRE VIII

1992, une purge darwinienne ?

Pendant plus de trente ans, à partir de la création de la CECA (Communauté Européenne du Charbon et de l'Acier) en 1952, l'Europe économique a tenté de se construire comme un ordre communautaire nouveau, grâce à des règles communes harmonisant et coiffant les règles nationales : il y avait *priorité à l'harmonisation sur la libération.* Mais plus le temps passait et moins cette technique fonctionnait. Un exemple : le fameux projet de statut européen de la société anonyme. Préparé avec autant d'énergie que de soin dès les années soixante, déposé par la Commission auprès du Conseil des ministres en 1973, ce texte fondamental pour la restructuration des entreprises européennes aura dormi dans les cartons pendant au moins un quart de siècle avant de pouvoir entrer en vigueur en 1989, si tout va bien.

L'un après l'autre, la plupart des projets piétinaient puis s'enlisaient. La jeune Europe enlevée par Jupiter apparaissait prématurément stérile et triste, desséchée par ses querelles et ses frustrations. Or, voici que, telle Sarah, femme d'Abraham, elle accouche d'un miracle : l'Acte unique. Conçu en catimini à Fontainebleau un jour de juin 1984, sous l'œil blasé des sages-femmes europessimistes, l'enfant vit le jour en décembre 1985.

Depuis lors, c'est un principe nouveau, opposé au précédent, qui préside à la préparation du grand marché intérieur : le principe de la *priorité à la libération sur l'harmonisation.*

Le grand espoir de 1992 est fondé sur ce retournement fondamental des méthodes de travail de la Communauté européenne. La nouvelle méthode part de l'idée qu'il n'y a pas de mouvement sans déséquilibre. Elle accepte le risque d'un certain désordre initial. Sa philosophie s'inspire des nouvelles théories de gestion de la complexité, l'ordre par le désordre.

C'est ainsi que, dans quelques années, le grand marché intérieur pourrait bien, aux yeux de beaucoup, faire figure d'une zone darwinienne où la CEE, après s'être immobilisée dans les chemins embourbés de la technocratie, va expérimenter ceux de la vitalité biologique et de la sélection naturelle. C'était nécessaire, mais ce n'est pas suffisant. Nous allons retrouver ici le fil rouge qui nous guide depuis le début de ce livre : les progrès de l'économie de marché exigent, et de plus en plus, un progrès des institutions internationales.

Avant l'Acte unique : harmonisation d'abord

La priorité du Marché commun était de supprimer les droits de douane entre les pays membres. Ce fut chose faite en 1967. Ensuite, la Communauté s'est attaquée à la suppression des obstacles « non tarifaires » aux échanges, c'est-à-dire ceux qui prennent une forme autre que le *tarif* douanier. Il y en a une infinité. Tous les prétextes tirés de la protection de la santé, de la sécurité des personnes et de l'environnement sont bons pour cacher des protectionnismes inavouables sous des normes techniques, privées ou publiques, concernant la dénomination des produits, leur emballage, leur format, leurs conditions de fabrication, etc.

L'une des histoires les plus célèbres est la loi de pureté de la bière allemande qui remonte à 1518 et qui, près de trente années après la signature du traité de Rome, permettait encore aux brasseurs allemands d'échapper à la concurrence des bières hollandaises ou danoises. De même, pour le lait normand UHT qui ne pouvait être consommé en Angleterre. En France aussi, nous avons par exemple empêché l'entrée de tracteurs allemands, sous prétexte que la distance du siège aux pédales n'était pas conforme à la norme nationale... Sans parler des obstacles de toute nature aux mouvements de capitaux entre la plupart des douze pays membres qui faisaient, hier encore, de la CEE un véritable puzzle où, pour le dire d'un mot, l'argent était hors

Marché commun. Les institutions communautaires appliquaient alors un principe de prudence, la priorité à l'harmonisation des normes sur la libération des échanges : aussi longtemps que le Conseil des ministres de la Communauté n'avait pas adopté une norme commune, la libre circulation des marchandises entre pays membres pouvait être empêchée par l'application des règles nationales.

Or, c'était un véritable travail de Pénélope que d'arriver à des règles communes, puisque la plupart des décisions ne pouvaient être prises qu'à l'unanimité [1]. Chacun pouvait, en exerçant son droit de veto, empêcher les 11 autres de décider. On n'en sortait pas. C'est ainsi qu'il a fallu dix ans pour adopter la directive sur la libre circulation d'un produit aussi peu dangereux pour la santé publique que les eaux gazeuses !

Cette logique de l'harmonisation préalable à la libération enlisait le Marché commun dans un bric-à-brac de procédures ridicules qui avaient pour effet d'entretenir des protectionnismes cachés.

Depuis l'Acte unique : concurrence d'abord

C'est à cet enlisement que l'Acte unique permet de mettre fin, notamment parce qu'il rétablit, en droit commun, les

1. Cela, par suite d'une interprétation restrictive du traité de Rome qui a été adoptée en 1966 à la suite de la « politique de la chaise vide » de la France du général de Gaulle, qui entendait ne pas être mise devant le fait accompli par une majorité de ses partenaires.

décisions à la majorité qualifiée du Conseil des ministres. Désormais, sauf exception, aucun pays ne peut plus bloquer la machine en exerçant son droit de veto.

En réalité, le renversement de la logique précédente a commencé en 1979, date du célèbre arrêt « Cassis de Dijon ». La Cour de justice de Luxembourg — institution aussi discrète qu'efficace — avait à traiter le cas suivant : la vente du cassis de Dijon était interdite en Allemagne, car ce produit ne correspondait à aucune norme allemande : son taux d'alcool était... trop faible par rapport aux produits allemands d'outre-Rhin de sa catégorie. Impossible donc de faire bénéficier nos amis allemands de l'apéritif popularisé par le chanoine Kir.

En jugeant ce cas, la Cour a décidé qu'un produit reconnu légal dans un pays de la Communauté doit être considéré aussi comme légal dans tous les autres. La notion de reconnaissance mutuelle et d'équivalence l'emporte donc désormais sur celle d'harmonisation préalable par l'établissement d'une règle commune européenne.

Renversement confirmé par la CEE en 1985. Le principe nouveau est : la conformité d'un produit avec la législation de son pays d'origine vaut pour les autres pays partenaires. Désormais, l'harmonisation législative préalable se limitera à décrire les exigences essentielles en matière de santé, de sécurité et de protection de l'environnement, valables pour l'ensemble de la Communauté.

Toute la crédibilité de l'échéance 1992 tient à ce retournement de la logique communautaire qui fait en quelque sorte l'effet d'une prise de judo. Il renverse la position des États membres et la met à terre en tirant parti d'un nouveau concept, celui de déréglementation, et d'une nouvelle légitimité, celle de l'entreprise et du consommateur.

Depuis Thatcher et Reagan, la mode est à la déréglementation. Moins il y a de règles, plus y a de liberté et mieux cela vaut. On l'a vu, la Communauté s'épuisait vainement à essayer de fabriquer des règles communes. Alors, au bout de trente ans, la Cour de Luxembourg et la Commission de Bruxelles en ont eu ras le bol. Elles ont dit en quelque sorte aux gouvernements :

« Ça fait trente ans que vous ne cessez de répéter que vous voulez un véritable Marché commun de toutes les activités économiques, y compris les services. Or, depuis trente ans aussi, vous ne cessez de multiplier les prétextes, les faux-semblants et les procédures dilatoires pour en retarder l'avènement. Ça suffit. Qu'à cela ne tienne, foin des règles communes ! Soyons modernes, soyons libéraux, laissons faire et laissons passer, dans tous les pays membres, ce qui se fait dans un seul d'entre eux. C'est ainsi qu'on obtiendra automatiquement l'achèvement du grand Marché commun. Sans bruit, sans marathon ministériel. Sans crise. Automatiquement. »

Et, ce que personne n'osait ajouter : naturellement, dans ces conditions, vous, les États, vous n'aurez plus guère voix au chapitre. Le principe de l'Acte unique, c'est la mise en concurrence des réglementations nationales à défaut de leur harmonisation. Ce principe revient à déléguer à la société civile ce qui, hier, appartenait aux États. Personne n'y fit objection car, déjà en 1985, rien ne faisait plus ringard que la notion d'État, cependant que le chic du chic, le super-smart, c'était la société civile. Le même principe aboutit, on

I. LES CONSEQUENCES DU GRAND MARCHE

	% PIB	Prix à la consommation %	Emploi (millions)	Déficit public (point % du PIB)	Balance extérieure (point % du PIB)
Sans politique d'accompagnement	+ 4,5	— 6,1	+ 1,8	+ 2,2	+ 1
Avec politique d'accompagnement	+ 7	— 4,5	+ 5	+ 0,4	— 0,2

(Marge d'erreur : +/— 30 % ; résultats prévus sur le moyen terme).
(Politique d'accompagnement : investissements publics, réductions fiscales).

Source. Commission CEE ; simulation sur les modèles économiques Hermès et Interlink.

II. LES AVANTAGES POTENTIELS

Origine des avantages	Milliards d'ECU	% du PIB
Suppression des barrières	67-80	2,2-2,7
dont :		
suppression des entraves aux échanges	8-9	0,2-0,3
suppression des freins à la production	57-70	2,0-2,4
Intégration des marchés	62-107	2,1-3,7
dont : (sans pouvoir additionner ces composantes)		
économies d'échelle accrues	61	2,1
ouverture à la concurrence	46	1,6
Total : 7 Etats membres aux prix 1985	127-187	4,25-6,5
12 Etats membres aux prix 1988	170-250	4,25-6,5

(Tous les prix, sauf dernière ligne, sont exprimés aux prix 1985 et concernent 7 Etats membres).

Source : Commission CEE.

Ces chiffres ont été publiés dans le rapport de la Commission dirigée par Paolo Cecchini, remis à la Commission des Communautés européennes en mars 1988. Ils évaluent les incidences possibles du marché unique sur les économies européennes à l'horizon des cinq ou six prochaines années.

le verra, à accorder au sein de la CEE une préférence aux réglementations nationales les moins contraignantes, donc à la « déréglementation » comme on dit en franglais.

En bref, l'idée géniale des technocrates de Bruxelles, frustrés dans leur idéal depuis une génération, a été, en se mettant à la mode, de se revêtir d'une nouvelle légitimité : le dynamisme des entreprises et le désir du consommateur — cet être adulte, n'est-ce pas ! — se substituent au législateur.

Certes, il va falloir que le Conseil des ministres des Douze adopte 300 directives d'ici 1993 pour achever l'élimination des obstacles aux échanges. Mais, cette fois, grâce à la règle des décisions à la majorité, dans presque tous les domaines (sauf la fiscalité), les procédures s'accélèrent et, en six mois, 75 propositions ont été adoptées. D'ailleurs, même si certaines restent en rade, désormais, c'est secondaire. L'élan est tel que, pour la libre prestation de services par exemple, le fait précède souvent le droit.

Les dividendes possibles de ce dynamisme nouveau à attendre des structures de l'offre sont déjà évalués. La Commission a en effet créé un groupe d'experts dit « groupe Cecchini » pour quantifier les « coûts de la non-Europe ». En réalité, les travaux ont porté sur l'évaluation des avantages qui pourraient résulter de la suppression des frontières intérieures et des économies d'échelles qui en résulteraient. Les résultats, même approximatifs, sont d'un ordre de grandeur impressionnant.

La Commission de Bruxelles les résume en ces termes : « L'impact global se manifesterait d'abord en termes de pression à la baisse sur les prix et les coûts. Leur augmentation de la production suivrait avec un léger décalage. Au bout de cinq à six ans environ, on pourrait s'attendre à un impact cumulé de + 4,5 % en termes de PIB et de — 6 % en termes de niveau des prix. L'impact sur l'emploi pourrait être positif à moyen terme, avec environ 2 millions d'emplois créés. Dans l'hypothèse d'une politique macroéconomique plus active, reconnaissant le potentiel de croissance plus rapide [1], qui serait également justifiée eu égard aux nécessités du contrôle de l'inflation ainsi que des équilibres des balances de paiement et des budgets, les gains pourraient atteindre jusqu'à 7 % en termes de PIB et 5 millions d'emplois pourraient être créés. »

Les experts soulignent eux-mêmes que leur point de vue est strictement économique. Il suppose que tous les acteurs se libèrent de toutes sortes de rigidités et qu'ils acceptent la nouvelle donne de la concurrence généralisée. C'est pourquoi ce supplément de croissance n'est pas acquis d'avance. Il suppose aussi de bonnes politiques économiques d'accompagnement. Si celles-ci n'existaient pas, l'avantage global pourrait s'annuler en dépit d'épreuves sévères et de difficultés sociales redoutables infligées aux régions, aux entreprises et aux groupes sociaux les moins compétitifs.

Cette hypothèse extrême n'est peut-être pas à exclure car il y a une large part d'inconnu dans l'expérience du grand Marché unique. Nous allons, dans la CEE, assister à un triple phénomène sans précédent historique :

— la concurrence des réglementations, arbitrée par les usagers ;

1. Dont le chapitre 6 contient une proposition complétant, par une stimulation de la demande, le progrès des structures de l'offre que vise le grand marché intérieur.

– la concurrence des monnaies, arbitrée par les épargnants ;
– la concurrence des fiscalités, arbitrée au moins pour partie par les contribuables eux-mêmes !

La concurrence des réglementations

Malgré la présence des douaniers aux frontières intérieures du Marché commun, malgré tous les obstacles non tarifaires aux échanges, le Marché unique, en ce qui concerne les produits, est un fait acquis pour l'essentiel. C'est le secteur des services, le plus caractéristique des économies modernes (il fait près de 60 % du PIB de la CEE), qui va devoir s'adapter le plus profondément en application de l'Acte unique, et cela, dans deux domaines principaux, les professions réglementées et les services financiers.

Les professions réglementées sont innombrables. Les plus protégées sont les « professions fermées » qui avaient fait l'objet des foudres du Comité Rueff-Armand en France en 1959 et qui, comme les taxis par exemple, bénéficient d'un *numerus clausus ;* il ne faut pas s'étonner si le dernier congrès de la Fédération des Chauffeurs de Taxi a porté sur « 1992 ».

Mais, bien plus nombreuses que les professions fermées sont les professions auxquelles on ne peut accéder que sous certaines conditions de diplômes et de qualifications.

C'est le cas, évidemment, pour les maîtres nageurs sauveteurs : pour exercer ce métier, il faut des qualités et des compétences particulières et chaque pays a naturellement établi une réglementation en la matière.

Ces réglementations nationales sont plus ou moins restrictives. Jusqu'à présent, c'était, en principe, le droit de chaque pays qui s'appliquait sur son territoire. En vertu du principe général de reconnaissance mutuelle et sauf justification exceptionnelle, la réglementation de chacun des Douze pourra s'appliquer en 1993 dans tous les autres pays membres. Supposons par conséquent que, dans l'un de ces pays A, un établissement balnéaire décide de faire appel à un maître nageur provenant d'un pays B où cette profession étant moins bien considérée les salaires sont moins élevés. Cet établissement en aura le droit et il l'exercera conformément aux principes de libre concurrence qui constitue le fondement même du grand Marché unique. On imagine aisément la réaction professionnelle des maîtres nageurs du pays A.

C'est bien pourquoi, du 15 au 17 janvier 1988, les maîtres nageurs sauveteurs, éducateurs sportifs appartenant à l'ensemble de la Communauté européenne se sont réunis pour débattre de leur avenir. Le compte rendu de leurs délibérations mérite une lecture attentive. En effet, elle commence et finit sur un ton habituel de grand optimisme : « Demain l'Europe, une chance à saisir ! » Mais, dans le corps du texte, deux préoccupations s'expriment clairement.

Le respect de la déontologie de la profession nécessite que le maître nageur sauveteur européen possède les qualités requises et définies dans chaque pays de la Communauté européenne où il aura à exercer son activité professionnelle. Autrement dit, d'accord pour la libre circulation des hommes à travers les frontières, étant précisé que, si un étranger veut s'installer dans mon pays comme maître nageur, il devra subir les épreuves fixées par la réglementation nationale. Ce qui, on vient de le souligner, est juste le contraire du nouveau principe communautaire.

C'est pour cela sans doute que la deuxième conclusion de la Commission européenne des associations de maîtres nageurs sauveteurs des pays de la CEE demande que soit créé un « brevet européen des activités aquatiques reconnu par les instances dirigeantes de chacun des pays de la Communauté européenne ». Autrement dit : ce que veulent les maîtres nageurs, c'est l'harmonisation avant la libération.

Comprenons-nous bien. Le progrès économique ne se développe que par deux moyens : la baisse des prix et l'amélioration des qualités. Réglementer une profession, c'est accorder *la priorité à la qualité du service sur son prix.* La concurrence des réglementations *(competition among rules)*, principe de base du Marché unique revient, dans une large mesure, à accorder *la priorité au prix sur la qualité.* C'est souvent l'intérêt des consommateurs. Ce n'est jamais l'intérêt des professionnels.

Beaucoup d'entre eux ne risquent-ils pas d'être déçus ?

Un peu comme l'ont été ces millions d'agriculteurs auxquels la politique agricole commune a dispensé tant de ressources et d'espoirs et qui ont le sentiment, souvent à bon droit, qu'on les a trompés.

Attention aux krachs de la communication sur l'Europe.

La concurrence des monnaies

Aux États-Unis, il y a 250 millions d'habitants, une seule monnaie, le dollar, et une parfaite liberté de circulation des capitaux. Mais, contrairement à ce que l'on croit souvent, les États-Unis ne constituent pas un marché unique en ce qui concerne les services financiers. C'est ainsi que la réglementation des banques demeure de la compétence des États, et elle est fort différente de l'un à l'autre, avec une grande règle commune : aucune banque américaine n'a le droit de s'établir, même indirectement, par l'intermédiaire de filiales, dans un État autre que son État d'origine. Retenons cette image : 50 États pour 250 millions d'habitants, cela fait un marché bancaire étroitement cloisonné de 5 millions d'habitants par État, en moyenne.

La CEE compte 320 millions d'habitants et 11 monnaies différentes. La liberté de circulation des capitaux demeure entravée par des règles spécifiques selon les pays ; c'est ainsi que, malgré l'effort de démantèlement du contrôle des changes accompli en France depuis quelques années, les Français n'ont toujours pas le droit d'ouvrir librement un compte bancaire à l'étranger.

En revanche, la liberté d'établissement des banques, qui n'existe pas entre les États américains, est quasi totale entre les pays de la CEE : la Citybank n'a pas le droit d'ouvrir le moindre guichet en dehors de l'État de New York, ni la Bank of America à l'extérieur de la Californie ; mais on trouve des filiales ou des succursales de la Société Générale ou du Banco di Roma partout en Europe. Cette différence éclaire un paradoxe : les banques européennes peuvent déjà développer leurs activités quasi librement sur un marché de 320 millions d'habitants alors que les banques américaines sont emprisonnées dans des petits marchés cloisonnés de 5 millions d'habitants en moyenne. Ce n'est pas en Amérique mais en Europe que, sur ce point, le principe de base est *« big is beautiful »*.

Partant de cette situation fort contrastée, le projet européen 1992 pour les services financiers comporte trois éléments principaux. Les deux premiers sont précis, la LPS (Libre Prestation de Service) et la LCC (Libre Circulation des Capitaux). Le troisième concernant le SME (Système Monétaire Européen) demeure très vague – on l'a vu au chapitre précédent – et nul ne peut dire si, ni quand, le Rubicon de l'unité monétaire sera franchi.

La libre prestation de services est, *a priori,* une notion qui coule de source puisque tout le monde est d'accord pour faire un marché unique et que, à notre époque, les services représentent la partie la plus importante de l'économie. Et pourtant ce n'est pas une chose banale. Voici la définition qu'en donne Daniel Lebègue, ancien directeur du Trésor, et actuel directeur général de la BNP [1] : « Nous en étions restés jusqu'ici à la liberté d'établissement, liberté permettant à un résident – une banque par exemple – d'un pays de s'établir librement dans un autre pays de la Communauté. L'objectif est désormais celui de la libre prestation des ser-

1. *Revue d'économie financière,* n° 3, 1987.

vices transfrontières, c'est-à-dire la faculté offerte à tout intermédiaire financier établi en Europe d'offrir directement ses prestations partout ailleurs dans la CEE sans être nécessairement établi dans le pays où il offre ses prestations et – c'est le point essentiel – sans être régi par d'autres règles et d'autres autorités de contrôles que celles de son pays d'origine. »

Nous sommes ici au cœur d'un phénomène véritablement révolutionnaire et d'une immense portée, puisqu'il concerne tout titulaire d'un compte bancaire. Trois points sont à souligner à partir de la définition de Daniel Lebègue :

a) Nous ne manquons pas de souffle, nous, en Europe ! En effet, on vient de voir que, plus de deux siècles après leur Constitution fédérale, les États-Unis n'ont toujours pas introduit la liberté d'établissement financier chez eux. Alors que, dans notre Communauté brinquebalante, c'est fait. Et pas seulement au profit des banques d'origine européenne, puisqu'une banque américaine ou japonaise établie en un point quelconque de la CEE est considérée de plein droit « européenne ». Il est donc faux de dire comme on le fait souvent que « l'Acte unique ouvre le Marché commun aux concurrents européens » : en matière de services financiers le Marché commun est déjà également ouvert à tous les concurrents, qu'ils soient ou non européens, ce qui n'a guère d'équivalent dans le monde.

b) C'est à partir de cette position déjà avancée que la CEE a décidé de sauter à une nouvelle étape, dont nous serons les premiers explorateurs, l'étape de la LPS. Offrir des services financiers dans les douze pays à partir d'un seul établissement, cela constitue un avantage sans précédent ni contrepartie, généreusement accordé par la CEE aux établissements financiers des pays tiers et notamment des deux grands concurrents dont les états-majors préparent leur débarquement chez nous, les États-Unis et le Japon. Cet avantage résulte de ce que les banques européennes, déjà établies dans les pays partenaires, doivent y supporter le coût — toujours élevé pour une banque — de ses établissements ; au contraire, les nouveaux venus, étant dispensés de l'obligation de créer un établissement dans tous les pays où ils veulent travailler — et donc dispensés d'acheter un immeuble, de créer des emplois, etc. —, vont pouvoir, dans les meilleures conditions, utiliser les nouveaux réseaux télématiques pour conquérir de nouveaux créneaux sur ces marchés en foisonnement exponentiel. Sous cet angle, la LPS comporte l'équivalent d'une subvention indirecte et sans réciprocité accordée par la CEE à ses concurrents des pays tiers : un Marché unique au double sens du mot.

c) Les nouveaux venus choisiront naturellement leur lieu d'implantation en fonction de ce qu'on pourrait appeler « la clause de la nation la moins réglementée » puisque, en vertu de la LPS, si vous êtes implanté dans un lieu, vous pouvez appliquer la réglementation de ce lieu à tous vos clients, quel que soit leur pays de résidence dans la CEE.

Pour que la LPS des services financiers prenne toute son ampleur, il faut évidemment que les capitaux puissent circuler librement par-dessus les frontières. C'est parti. Dès 1990, en principe, les résidents d'un État membre (la France) devront être libres de s'adresser aux fournisseurs de services et de produits financiers d'un autre pays membre (l'Allemagne) dans les mêmes termes et conditions que les résidents de ce même État membre (les Allemands). Cela signifie, par exemple, que les Français vont pouvoir se faire ouvrir librement des comptes bancaires aux Pays-Bas ou en Allemagne et les gérer à leur guise. C'est à n'y pas croire, n'est-ce pas ?

Pour les organismes de placements collectifs (SICAV, Fonds communs de placement, etc.), la liberté de placer leurs produits en France à partir de leur siège de Francfort ou du Luxembourg est prévue pour le 1er octobre 1989. C'est donc dans peu de temps qu'un Français habitant en France aura les mêmes droits qu'un Allemand habitant en Allemagne de choisir des produits d'épargne en deutschmarks.

Partant de là, on peut poser l'équation : LPS + LCC = libre concurrence des monnaies dans la CEE.

On conçoit aisément que, notamment dans les pays méditerranéens, le deutschmark puisse exercer une fascination irrésistible auprès des épargnants. Certes, les professionnels feront valoir que les taux d'intérêt des monnaies faibles sont plus élevés que ceux des monnaies fortes de manière à compenser les différentiels d'inflation. Il n'en demeure pas moins que, surtout pour l'épargne à long terme, contrairement à l'adage connu, la bonne monnaie tendra à chasser la mauvaise et que des processus cumulatifs, très difficiles à maîtriser, risquent de se développer : plus une monnaie européenne sera demandée à travers les produits d'épargne, et plus elle aura tendance à s'apprécier, vouant ainsi les monnaies faibles à s'affaiblir toujours davantage en suivant une spirale infernale. Mesurons bien les conséquences de cette logique nouvelle : « Aussi longtemps qu'il y aura, dans le SME, une monnaie moins appréciée que d'autres, cette monnaie devra faire subir à son économie des taux d'intérêt majorés d'autant. Et donc affaiblir encore cette économie, jusqu'au jour où le dilemme sera tranché : la monnaie unique ou l'austérité sans fin. » On comprend ainsi la réaction irritée de ce ministre qui, découvrant en mars 1988 la portée de ce que nous venons de résumer, reprochait vivement à ses collaborateurs de ne pas le lui avoir expliqué plus tôt. La raison en est, une fois encore, le manque de communication entre les experts chargés en l'occurrence d'accélérer la déréglementation et les hommes de terrain qui, après coup, se demandent comment ils vont faire pour développer leur activité dans des conditions aussi différentes du passé.

On débouche ainsi sur une situation aussi incohérente qu'irréversible. Il y a incohérence à vouloir le marché unique sans monnaie unique.

Le marché unique des services financiers se résume par cette image du journaliste Bruno Dethomas *(le Monde) :* « Un Français pourra avoir son portefeuille chez un agent de change londonien, régler ses achats avec une carte de crédit belge, financer sa résidence secondaire en Grèce avec un prêt allemand, assurer son auto aux Pays-Bas et bénéficier d'une retraite complémentaire italienne. » Mais pour qu'un marché fonctionne, il faut que l'offre égale la demande. Or, entre les monnaies européennes, le libre choix des épargnants, aujourd'hui, entraînerait des rapports de change aussi instables qu'impraticables.

La concurrence des monnaies sur les produits d'épargne

ne peut pas fonctionner durablement de manière équilibrée. Le marché unique exige une monnaie unique. Si l'on ne veut pas qu'elle soit européenne, elle sera allemande.

« Monnaie unique », ces deux mots sont une énormité. Mais la concurrence des monnaies dans un espace ouvert à la LCC (Libre Circulation des Capitaux), et lié par l'engagement de stabilisation des parités que fonde le SME, constitue une énormité pire, sans doute [1]. On le saura bientôt, car le grand mouvement de libération des épargnants, qui est maintenant engagé, ne pourra pas être arrêté. Il a pour lui toutes les forces du progrès technique, de la réduction des coûts et de l'internationalisation accélérée des marchés financiers. Mais surtout, la concurrence des monnaies et celle des réglementations vont fonctionner comme deux référendums quotidiens des consommateurs.

La concurrence des fiscalités

Dans le cadre du marché unique, la nouvelle concurrence des services financiers ne porte pas seulement sur les *réglementations* et les *monnaies,* mais aussi, implicitement, sur les *fiscalités.*

Un troisième référendum populaire se prépare, sous la

1. Le livre blanc de la Commission sur l'achèvement du Marché intérieur a bien vu ce problème puisqu'il souligne que « les mesures pour parvenir à une plus grande liberté des mouvements de capitaux nécessiteront des progrès parallèles vers le renforcement et le développement du Système Monétaire Européen » (n° 126). Mais une fois de plus, la force libératrice des marchés est beaucoup plus rapide que le renforcement du Système Monétaire Européen.

forme d'une course aux paradis fiscaux pour les produits d'épargne. Pour en comprendre la portée, reprenons la comparaison avec les États-Unis. Dans ce grand pays fédéral, on l'a vu, les États ont conservé de très larges pouvoirs et notamment une réelle souveraineté sur le régime des banques et des assurances. Mais l'impôt sur le revenu est de compétence fédérale ; c'est le Congrès de Washington qui en décide souverainement. En revanche, les ressources fiscales des États proviennent pour une large part des taxes indirectes — l'équivalent de notre TVA — qui comportent donc certaines différences d'État à État.

Dans la CEE, les différences de taux de TVA sont plus importantes qu'aux États-Unis, mais la situation n'est pas d'une nature différente. Là où il y a opposition radicale, c'est en ce qui concerne l'impôt sur le revenu. En effet, de ce côté-ci de l'Atlantique, non seulement les États sont seuls compétents en matière fiscale, mais il est bien précisé par l'Acte unique que, dans ce domaine si sensible, la règle de l'unanimité demeure, ce qui signifie que le plus petit des États peut, par son droit de veto, s'opposer à la volonté de tous les autres. En bref, dans ce domaine, il n'y a pas le moindre commencement d'institutions européennes.

C'est toujours la non-Europe. En voici une conséquence. « Il existe, au sein même de la CEE, des " paradis fiscaux " de ce type, dont le développement a de bonnes chances de devenir explosif ; parmi eux, Jersey et le Luxembourg. Dans ce dernier pays, la gestion de l'épargne est devenue la principale activité économique, bien avant la sidérurgie !... A travers le régime, confectionné sur mesure, des sociétés holding, le Luxembourg assure aux épargnants un parfait anonymat de leurs placements, une exonération totale de tout impôt sur le revenu et une récupération des crédits d'impôt ou avoirs fiscaux éventuellement prélevés à la source dans les pays d'origine.

» Ce " paradis " est bien connu en Europe : il a donné naissance à une des figures mythologiques les plus familières aux milieux financiers internationaux : le " dentiste belge ", souscripteur avisé des émissions internationales obligataires à Luxembourg, en exonération de la retenue à la source de 25 % du fisc belge.

» Demain, les Français pourront en toute légalité faire gérer leur portefeuille de valeurs mobilières à Luxembourg, en exonération totale d'imposition. Certes, l'obligation légale de déclaration des revenus perçus à l'étranger subsistera, mais peut-on raisonnablement attendre des citoyens français un comportement très différent de celui du " dentiste belge " ? [1] »

En bref, dans la CEE, chaque pays peut, s'il le veut, décider de devenir un paradis fiscal pour les non-résidents, attirant ainsi chez lui l'épargne des ressortissants des autres pays. De ce fait, même un petit pays peut exercer une véritable contrainte sur la fiscalité des autres. C'est ainsi que, grâce à son droit de veto, le Luxembourg (mais il n'est pas le seul) peut exercer sur les gros épargnants des pays voisins une forte séduction en faisant usage de ce qu'on pourrait appeler « la clause de la nation la moins fiscalisée ».

On constate ainsi un double retournement de l'esprit des institutions européennes depuis leur origine. A l'extérieur

1. Robert Pelletier, « A la recherche des paradis fiscaux européens », *Le Monde,* 5 janvier 1988.

d'abord, une politique commerciale commune, appuyée sur le tarif extérieur commun, déterminait une identité européenne face aux pays tiers. Rien de tel, *au contraire,* on l'a vu en matière de prestation de service. Quant à interpréter « le grand marché sans frontière » comme signifiant la suppression physique des frontières intérieures, c'est oublier qu'on ne sait pas quand cela pourra avoir lieu en raison des difficultés de l'harmonisation des taux de TVA. Si bien que, pour le moment, l'administration française des douanes ne prévoit qu'une réduction de 10 % du nombre des douaniers de surveillance.

Par ailleurs, la Commission de la CEE était chargée d'éviter toute distorsion de concurrence et notamment d'interdire aux États les aides qui pourraient être nuisibles aux pays partenaires. Cela fait toujours partie, en principe, de ses compétences, mais la portée de ce pouvoir a quelque chose de dérisoire à partir du moment où les conditions de la concurrence des entreprises sont faussées par des distorsions résultant des réglementations, des parités monétaires et des législations fiscales.

Détaxer les riches et surtaxer les pauvres

Pour ce qui concerne plus précisément l'impôt sur les revenus des valeurs mobilières, la logique de la non-Europe constitue la quatrième étape d'une évolution qui n'est que trop claire.

— Première étape : pendant la première moitié du XXe siècle, il était en général admis, dans les pays développés, que les revenus du capital devaient être imposés plus lourdement que ceux du travail.

— Deuxième étape : à partir de 1960, en France, l'égalité de la taxation a été établie, avec des taux de progressivité identiques.

— Troisième étape : depuis les années soixante-dix, l'attraction des paradis fiscaux et la nécessité de favoriser l'épargne ont conduit de nombreux pays à imposer les revenus du capital moins lourdement que ceux du travail, notamment par la technique de la retenue à la source accompagnée d'exonérations et de déductions croissantes qui font que, bien souvent, les revenus des capitaux mobiliers ne sont frappés que d'une taxe proportionnelle alors que les revenus du travail subissent l'impôt progressif.

— Quatrième étape : la logique de la concurrence des fiscalités souveraines entre États européens aboutira à favoriser l'évasion fiscale dans des proportions telles qu'elle équivaudra à exonérer d'impôt sur le revenu la grande majorité des produits du capital, à commencer par les gros portefeuilles.

Les charges que les revenus du capital ne paieront pas, il faudra bien les transférer sur les revenus du travail. Ce n'est pas tout. Pour inciter, malgré tout, les salariés à « épargner au pays », la législation fiscale aura tout naturellement tendance à exonérer d'impôt les sommes investies, donc à introduire un impôt négatif sur l'épargne, et à défavoriser, parmi les salariés, ceux qui, n'ayant pas de revenus suffisants pour épargner, ne pourront bénéficier de ces exonérations.

Cette logique de la concurrence fiscale apparaît donc comme une logique de régression de la « justice fiscale ».

Certes, on peut défendre différentes conceptions de la justice fiscale, mais il y en a une qui est absolument inacceptable. C'est celle qui est imposée à une nation par la contrainte extérieure, à défaut pour cette nation de pouvoir ni fermer ses frontières ni disposer d'une seule voix efficiente en l'absence de toute institution commune compétente pour décider, à la majorité, des problèmes fiscaux d'intérêt commun. Cette évidence mérite d'être marquée par un nœud sur le fil rouge que nous suivons depuis le début de ce livre.

Or, dans le cadre institutionnel actuel, le mouvement ainsi engagé est irréversible.

En premier lieu parce que, dans ce cadre, il n'existe que trois types de solutions envisageables [1] qui reviennent toutes, pour la France, à demander à ses partenaires de bien vouloir durcir leurs règles pour les rapprocher des nôtres. Succès improbable !

En second lieu parce que la règle européenne des décisions à l'unanimité en matière fiscale fait l'objet d'un accord unanime. On comprend, *a priori,* qu'un « grand pays », comme la France ou l'Angleterre, n'accepte pas que, dans ce domaine — sanctuaire traditionnel de la souveraineté —, des décisions puissent être prises à la majorité des partenai-

1. Voir, en annexe II, les deux pages essentielles sur ce point du rapport Boiteux de réflexion économique pour la préparation de l'échéance de 1992 (février 1988) qui, par ailleurs, ne traite pas du problème spécifique des paradis fiscaux européens.

res. Mais comme tous sont égaux en droit, la conséquence de cette règle d'unanimité est de rendre impossible d'imposer aucune décision commune à aucun État membre, pas même le Luxembourg. Pour avoir refusé la supranationalité, on est soumis à la mininationalité.

Certes, il serait facile d'objecter que, même si les paradis fiscaux étaient éliminés au sein de la CEE, il en resterait suffisamment à l'extérieur... Objection non décisive si l'on se réfère à la situation des États-Unis ou du Japon qui, eux, contrôlent beaucoup mieux la fraude fiscale internationale de leurs ressortissants.

A partir du moment où les États, quoi qu'il leur en coûte, s'agrippent à la règle des décisions à l'unanimité en matière fiscale, il est tout aussi logique que les institutions communautaires, à commencer par la Cour de Luxembourg, leur disent : « Tant pis pour vous, si vous n'êtes pas contents, adaptez-vous, débrouillez-vous [1]. »

Ainsi, le tabou de la souveraineté nationale en matière fiscale aboutit à favoriser les pays qui peuvent se transformer en paradis fiscaux et à défavoriser les autres. La France vient en tête de ces derniers car son système fiscal est, avec — si on ose le dire — celui de la Grèce, le plus mal adapté à l'échéance 1992 :

1. Ce que le rapport de la Commission Boiteux expose en des termes moins vulgaires. Après avoir constaté que la LCC et la LPS font de la fiscalité un facteur de concurrence entre produits financiers et entre places financières, elle constate avec regret : « La Commission des Communautés n'a pas présenté à ce jour de projet d'ensemble dans ces domaines. Le postulat est en effet que l'harmonisation, même minimale, des règles fiscales ne constitue pas un préalable à la libération des mouvements de capitaux et des prestations de services.

» Il appartient donc à chaque État de définir la stratégie qu'il entend mener dans le nouvel espace financier européen. »

— TVA plus élevée que chez les partenaires ;

— surtaxation des assurances symbolisée par deux chiffres : la taxe sur les primes auto est de 0 % en Angleterre et de 35 % en France ;

— charges sociales supportées par les entreprises atteignant des taux records ;

— rendement de l'impôt général sur le revenu ne représentant que 5 à 6 % du PIB contre le double chez les principaux partenaires ;

— et, au total, un taux de prélèvements obligatoires sur le PIB qui, à 45 %, excède de loin la charge des pays comparables, inférieure à 40 %.

Pour l'Angleterre, 1992 est un grand avantage : l'Angleterre c'est la Cité ; or, 1992, c'est avant tout la libération des services financiers.

Pour l'Allemagne, guère de problèmes : l'Allemagne est une usine hyper-compétitive et non opéable. La puissance de sa monnaie, la force de ses traditions financières fondées sur le « modèle alpin » peuvent compenser pour elle le choc de la LPS. Quant à l'Italie, la logique de 1992 n'est-elle pas, en un sens, la logique de l'Europe à l'italienne avec l'État minimum et la vitalité maximum ?

Beaucoup de difficultés en revanche vont se concentrer sur la France. Vieux pays colbertiste, à la monnaie faible et aux impôts énormes, nous avons plus que d'autres besoin d'une capacité de décision publique au niveau européen. C'est peut-être par une sorte de besoin magique de conjurer ces difficultés que nous sommes aussi le pays où 1992 suscite aujourd'hui le plus d'enthousiasme.

Au total, on découvre, sans qu'aucun débat démocratique nous en ait prévenus, qu'un spectre se cache derrière le fascinant écran du Marché unique, celui d'une non-Europe de la décision politique, inévitablement conduite, par son non-être, *à dispenser d'impôts les riches pour surtaxer les pauvres...* Comme c'était le cas de l'Ancien Régime, il y a tout juste deux siècles, à la veille de 1789.

Si le Marché unique devait s'établir sur la concurrence perverse des disparités réglementaires, et surtout des divergences monétaires et des distorsions fiscales, il faudrait craindre que de nouveaux réflexes nationalistes, et donc anti-européens, ne réapparaissent.

Pas de marché unique, on l'a vu, sans monnaie unique. A quoi il faut maintenant ajouter : pas de marché unique viable sans une mutation institutionnelle de type fédéral, faute de quoi la grande zone darwinienne de 1992 deviendrait le supermarché des paradis fiscaux de la non-Europe. Et alors, tant pis pour les pauvres, les chômeurs et tous les faibles. Lacordaire nous l'avait bien dit, mais il y a si longtemps que nous l'avions oublié : « Entre le fort et le faible, c'est la liberté qui opprime et la loi qui affranchit. »

Ainsi, les conséquences de l'Acte unique, exaltantes d'un côté mais explosives de l'autre, appellent-elles, pour 1992, une nouvelle échéance qui s'impose et l'emporte sur la première : l'échéance d'une véritable Union européenne, économique et monétaire, indispensable pour bénéficier pleinement de son Marché unique.

En attendant, surtout pas de regrets ! Bien sûr, vouloir unifier le Marché de douze vieux pays, sans en avoir esquissé la cohérence, cela peut coûter cher ; bien sûr, on ne peut pas fonder l'ordre sur le désordre sans accepter de grands dégâts ; bien sûr, la méthode parfaitement irrationnelle, quasiment surréaliste, que nous empruntons, couvre d'une imposture le mot « Europe » au sens de projet.

Mais, puisque la réflexion raisonnable n'est plus guère à la mode et que, en l'occurrence, elle avait échoué ; puisque notre époque, plutôt que d'éclairer sa route, préfère se casser le nez ; puisque l'expérience est plus que jamais maîtresse de sagesse, alors, pas un seul regret pour l'enlisement des années de l'euro-pessimisme. Le Marché unique, ce risque magnifique — et si médiatique —, il fallait le prendre. Mais à la manière de René Pleven disant au général de Gaulle : « Je vous suivrai partout, les yeux ouverts. » Pour l'instant, nous fonçons vers 1992 les yeux fermés.

CONCLUSION

L'ordre par le désordre

Voilà. Rien sur le Tiers-Monde, rien sur le monde communiste : c'est à dessein que nous nous sommes cantonnés à quelques problèmes des peuples riches.

Nos maladies ne sont que des maladies du bien-être. Mais les psychiatres savent que ce ne sont pas les moins douloureuses. Plus une société devient complexe, plus elle se fragilise ; la névrose commune à l'ensemble des pays de l'OCDE est une sorte de schizophrénie. Ce mot, qui signifie en grec « crâne fendu », traduit ici la contradiction centrale qu'il y a pour les pays développés à vouloir les avantages de la libre *circulation* de tous les facteurs de production, tout en refusant le minimum *d'institutions* communes indispensables.

Pas de croissance équilibrée pour l'économie-monde sans une monnaie mondiale. Telle est la conclusion essentielle des réflexions qui précèdent. La meilleure mesure — d'ici à la fin du siècle — de la distance à laquelle nous serons parvenus, du krach ou du boom, sera le nombre de monnaies prétendument nationales. Très nombreuses, nous nous rapprocherons du krach. Moins nombreuses, nous nous rapprocherons du boom.

L'effondrement du système monétaire international est le principal obstacle à la croissance qui permettrait de réduire le chômage en Europe et de surmonter l'endettement du Tiers-Monde. Pourquoi un nouveau système est-il si long à naître ? Parce que, n'étant plus tenues par les *institutions disciplinaires* de l'ancien monde, n'étant pas encore fondées sur les *institutions fiduciaires* du nouveau monde — « les institutions du troisième type » — , les relations financières internationales sont aujourd'hui vouées à un rude apprentissage, celui de *l'ordre par le désordre.*

Si nous voulons abréger cette épreuve, il faut nouer ensemble les deux bouts du fil rouge, celui qui part des exigences de la *circulation* et celui qui aboutit à un plus grand besoin de *communication*, donc de *confiance,* au sein des peuples et entre les peuples. Ce simple constat bouscule nos habitudes de pensée les plus profondément enracinées dans l'Histoire.

L'État national et la société industrielle sont nés en même temps. Voilà deux siècles. Était-ce un hasard ou une nécessité ? Au vu de ce que nous vivons depuis vingt ans, nous discernons seulement aujourd'hui que c'est une contradiction.

Certes, la nation s'est nourrie de l'usine et l'usine a utilisé la nation.

L'État national a trouvé dans la société industrielle un domaine nouveau pour son intervention. La monarchie était fondée sur le droit de propriété du souverain. L'État monarchique, c'était d'abord le pouvoir du propriétaire sur une terre et, subsidiairement, sur les sujets qui étaient installés dans ce domaine. Le roi était un seigneur, il protégeait un espace et ceux qui l'occupaient contre les appétits des propriétaires voisins désireux d'arrondir leurs propres domaines. Il était donc là, lui aussi, pour élargir la terre qu'il protégeait.

L'État national fonde sa légitimité sur de plus vastes ambitions. Il se réjouit d'avoir à organiser autre chose que la sécurité du labourage et du pâturage. La révolution industrielle lui offre une richesse indépendante de la propriété du sol. Son assise cesse d'être exclusivement horizontale. Elle se verticalise. Le patrimoine ne se limite pas à des arpents. Désormais, on comptabilise aussi les cheminées d'usine. Les guerres de conquête ne constituent plus l'unique chemin pour élargir sa puissance et faire briller sa gloire. La richesse ne se compte plus seulement en terres et en hommes. Aujourd'hui, on classe les nations non pas en fonction de leur superficie, ni de leur population. Au guichet de la puissance, on vous demande d'abord de décliner votre PIB (produit intérieur brut). On vous demande même de préciser votre PIB par tête ! Autrement dit, si vous êtes très nombreux, votre puissance s'affaiblit alors qu'hier elle se serait accrue.

Les armements eux-mêmes ne sont plus qu'une composante parmi d'autres de la puissance. Certes, les États-Unis et l'Union soviétique doivent leur statut de « supergrands » à l'ampleur de leurs arsenaux nucléaires et au volume de leurs armées conventionnelles. Mais lorsqu'on dresse le palmarès des puissances mondiales en cette fin du XXe siècle, le Japon est classé parmi les premiers exclusivement en raison de son poids et de son dynamisme économiques, alors qu'il ne consacre que 1 % de son PIB à la défense, soit trois fois moins que les Européens, six fois moins que les Américains et douze fois moins que les Soviétiques.

L'État national a donc su tirer profit de la révolution industrielle pour s'épanouir depuis deux cents ans.

Réciproquement, la société industrielle n'a pas été sans se servir de l'État national. Par les bouleversements qu'elle a provoqués dans la géographie (urbanisation accélérée) et la sociologie des nations, la société industrielle a fait courir un risque d'éclatement à la société tout court. La lutte des classes n'a peut-être pas été le moteur de l'Histoire au sens où l'entendaient les marxistes. Elle n'en a pas moins marqué les structures sociales, les affrontements et les politiques des États industrialisés. La solidité du tissu national a donc joué un rôle essentiel dans la résistance aux tensions que la lutte des classes imposait à ce tissu.

La France aurait-elle résisté aux combats qui ont opposé la classe ouvrière à la bourgeoisie durant la deuxième moitié du XIXe siècle et la première moitié du XXe, sans la solidité de sa structure nationale ? Ce n'est pas sûr. Toute société industrielle engendre des conflits et des déséquilibres. Cela tient à sa nature puisqu'elle est issue de la seule révolution perpétuelle et universelle de l'histoire des hommes. A chaque instant, elle se détruit pour se reconstruire selon le processus décrit par Schumpeter de « destruction créatrice ». C'est une société sans repos et, à ce titre, dangereuse pour le corps social dont l'objectif naturel est d'abord de se maintenir en tant que corps.

Voilà d'ailleurs un premier signe de contradiction entre l'État national et la société industrielle. Le premier cherche la pérennité. La seconde, le changement. La nation a des frontières. L'industrie n'en a pas, surtout quand elle se dématérialise comme c'est le cas aujourd'hui. La nation aime l'État, lequel — bien souvent — lui a donné naissance, comme en France. L'industrie s'en méfie.

Plus la société industrielle se développe, s'étend, se diversifie, moins elle est à l'aise en restant compartimentée entre des États nationaux qui constituent autant de ruptures de charge. Rien d'étonnant donc si nous avons vu se multiplier ces signes de contradiction en parcourant à grandes enjambées, sans trop musarder ni entrer dans les détails, les vingt dernières années de l'histoire économique du monde capitaliste.

Ces vingt années ont été secouées par trois crises apparentes. La crise *sociale et morale* des années soixante, qui a fait le procès de la société dite de consommation et dénoncé le pillage de la nature. La crise *économique* des années soixante-dix, illustrée par les deux flambées des prix du pétrole et qui a fait réapparaître le chômage dans les pays développés, lesquels croyaient l'avoir définitivement vaincu ; tandis que les pays en voie de développement se surchargeaient de dettes qui les asphyxient au lieu de leur donner l'oxygène de la modernisation. Enfin, voici qu'éclate la crise *financière* des années quatre-vingt, avec l'affolement des monnaies sans boussole et le krach boursier d'octobre 1987.

Toutes ces crises ont une racine commune cachée : l'impossibilité de gérer un univers sophistiqué de techniques avancées, d'échanges libérés, de hauts niveaux de vie, dans le cadre traditionnel de l'État national.

Ou bien cet univers a un maître, c'est-à-dire un État

national qui impose sa tutelle aux autres, comme ce fut le cas des États-Unis après la Seconde Guerre mondiale. Ou bien ce maître se fatigue d'un tel rôle ou cesse d'être reconnu pour cette fonction, et l'univers économique se désarticule.

Nous vivons une telle désarticulation. Chaque crise est le signe d'un rouage qui cède sous la pression de forces qui échappent à toute maîtrise et d'États qui n'embrassent qu'une partie de l'espace à organiser.

Nous ne savons pas quelle forme revêtira le prochain choc, ni à quelle date il se produira. Mais nous sommes sûrs qu'il aura lieu, si nous ne soignons pas les maux qui se trouvent à l'origine de tous les déséquilibres.

Non seulement les maux apparents, dénoncés dans toute la presse : le déficit du budget de l'État fédéral américain, le déficit du commerce extérieur des États-Unis, l'étrange paralysie de l'économie allemande, etc. Mais aussi les maladies plus anciennes de l'anarchie monétaire, de l'épargne insuffisante et mal distribuée, de l'investissement en retard sur les techniques, de la rigidité excessive des comportements dans des sociétés animées, par ailleurs, d'un mouvement perpétuel.

Voilà où nous redécouvrons *l'incompatibilité foncière entre la logique de l'État national et celle de la civilisation marchande.* D'un côté, les frontières de la nation, de l'autre le grand large des échanges. Ici l'autorité fondée sur le suffrage. De l'autre le compromis construit dans un système d'actions et de réactions.

Ce serait trop simple si tout le mal était d'un côté et le bon de l'autre. L'État national a des vertus fédératives nécessaires à la survie de sociétés travaillées par de puissantes forces centrifuges. Il autorise des opérations de solidarité beaucoup plus difficiles à conduire hors de son cadre.

La société marchande est comme la mode nouvelle : destructurée. On se fait, bien souvent, une idée simple et naïve de la liberté. Comme si c'était un état de nature qu'il suffit de débarrasser des liens dans lesquels la vie sociale l'aurait paralysée. Jean-Jacques Rousseau nous a tous fourvoyés en écrivant : « L'homme est né libre et partout il est dans les fers. »

En réalité, il n'y a de liberté que voulue, construite, organisée, cultivée soigneusement et sans repos. Le libéralisme n'est pas l'absence de règles. C'est tout au contraire la sélection de quelques règles qui en assurent la pérennité. Dans le monde moderne, répétons-le, le libéralisme ressemble à la circulation des automobiles dans les grandes villes. Supprimez les feux tricolores (ces règles...) et tout se fige dans un immense embouteillage. On ne « libère » les voitures que pour les immobiliser ! Pas de liberté des prix sans contrôle des ententes. Pas de liberté des échanges sans GATT. Pas de liberté des changes sans FMI. Pas de liberté de l'emploi sans indemnisation du chômage et système de formation, etc.

Il n'y a pas d'un côté l'État national qui étouffe le marché et de l'autre le marché qui disqualifie toute forme d'organisation. Il y a l'État national qui n'est plus à la dimension de notre temps et le marché qui ne peut prospérer que dans un ordonnancement voulu et cultivé.

Les États-Unis sont encore trop forts pour percevoir le changement de climat dans lequel l'univers économique devra vivre. Le Japon est trop loin. Il existe un continent-test où les malheurs se sont accumulés (singulièrement le chômage) et où les esprits peuvent s'ouvrir à des comportements nouveaux. L'Europe a encore une chance d'œuvrer pour le monde. Après lui avoir donné l'État national et la société industrielle, c'est à elle d'imaginer ce qui surmontera leur contradiction.

Plus on ira, plus on s'apercevra que les États ne peuvent faire l'économie d'un ordre qui leur soit supérieur. Cette leçon, qui n'avait été donnée jusqu'à présent que par les guerres mondiales, nous vient aujourd'hui par toutes les routes que suivent les échanges internationaux. Cette évidence, qui sort maintenant comme un fer rouge de la fournaise des forces et des faits, voici près d'un demi-siècle que les Pères de l'Europe l'avaient découverte. Or — paradoxe stupéfiant ! — c'est à ce moment précis que le principe constitutif de la CEE se retourne et que celle-ci paraît jeter aux orties l'équilibre constitutionnel dont elle avait été revêtue dès son baptême. Cet équilibre reposait sur l'idée que le progrès des politiques communes et celui des échanges devraient aller de pair. Or aujourd'hui, l'idée nouvelle est : pas besoin de règles communes ; pas besoin de politique commune ; laissons faire les forces du marché, elles se chargeront de démolir pierre à pierre les vieilles forteresses des États bureaucratiques. « 1992 », le symbole du marché maximum avec des institutions minimums.

Pourquoi ?

Parce qu'on ne sait plus comment faire autrement : la fin du disciplinaire, le retard du fiduciaire contraignent les économies développées, et d'abord celle de la CEE, à s'appliquer la méthode de l'éducation par l'expérimentation telle que la proposait Jean-Jacques Rousseau : inutile d'interdire à un enfant de mettre ses doigts dans le feu, il est plus efficace de le laisser se brûler lui-même.

Regardez dans votre famille, dans votre entreprise, dans votre pays : les bonnes vieilles autorités disciplinaires du paterfamilias, du patron de droit divin, du chef charismatique fonctionnent de moins en moins bien. Nos sociétés s'imprègnent d'une sorte de principe de démocratie généralisée qui fait que l'efficacité de la discipline dépend moins de l'autorité de son détenteur que de la conviction de son destinataire.

C'est cette évolution générale qui fait que l'homme bien informé, autonome, responsable de lui-même, est en général plus efficace et souvent plus épanoui que l'homme soumis ou assisté. En politique, ce sera le mérite historique de Mme Thatcher et du président Reagan que de nous avoir rappelé cela.

Mais la même évolution se manifeste dans les relations internationales. Il est vrai de dire que l'économie-monde appelle un gouvernement mondial, un État minimum supra-national. Mais il est vain de l'espérer à court terme car là, moins qu'ailleurs, l'autorité ne se décrète. C'est particulièrement clair en matière monétaire. Si l'étalon-or a été rejeté, c'est parce qu'il constituait un absolutisme disciplinaire. Si l'étalon-dollar est contesté, c'est parce que le gouvernement américain a été amené, bien malgré lui, on l'a vu, à rompre le pacte qui l'obligeait à gérer le dollar avec une rigueur si pure qu'elle en faisait le miroir de l'or. Rigueur, pureté des mœurs gouvernementales en matière monétaire sont ici des notions clés. Ce n'est sûrement pas un hasard si l'effondrement du Système Monétaire International a eu lieu à la même époque que la libération sexuelle.

Après avoir été pendant des siècles la courtisane des rois, la monnaie est devenue au XIXe siècle la grande vestale intouchable des gouvernements démocratiques dans les pays civilisés, c'est-à-dire industriels. Protégée par les règles sacrées et universelles de l'étalon-or, la monnaie était devenue le symbole pratique du culte puritain de la virginité. Tant pis pour les pays non respectables qui continuaient à se vautrer dans les vices de l'inflation parce que, chez eux, la monnaie demeurait la prostituée favorite de gouvernements sans foi ni loi.

C'est ainsi que les États-Unis, puissance tutélaire, patrie de la vertu puritaine, ont été tout naturellement consacrés à Bretton Woods comme les gardiens incorruptibles du temple de la nouvelle monnaie mondiale de référence, le dollar.

Or, en cette période trouble des années soixante où la famille était récusée, comme la croissance, et où les fièvres de l'inflation perçaient sous la révolution sexuelle, voilà que le gouvernement de Washington lui-même, transgressant la discipline puritaine qu'il incarnait, s'est mis à traiter la monnaie comme sa servante-maîtresse. Depuis que le dollar est une monnaie qui s'est couchée, il n'y a plus de système monétaire international.

Mais la monnaie n'est pas une matière molle et diffuse, qui peut se gérer vaille que vaille, de manière vaguement coopérative, par la concertation des bonnes volontés. La qualité d'une monnaie se reconnaît à la stabilité des prix qu'elle exprime et à la fiabilité des placements qu'elle permet.

Discipline et fiabilité, la liaison de ces deux termes est la marque de notre époque. Aujourd'hui, aucune règle ne se soutient plus par son autorité propre. Il lui faut s'appuyer sur le consentement, la conviction de ceux auxquels elle s'applique. La loi de démocratie généralisée fait que l'on ne peut pas s'entendre entre gouvernements sans se comprendre entre peuples. A la source des déséquilibres de l'économie mondiale se trouve une incompréhension entre les gouvernements qui reflète une incompréhension encore plus profonde entre les peuples.

Pour reconstruire le système international, il faut aboutir à des structures de type fédéral, à l'exemple des États-Unis eux-mêmes qui ont mis plus d'un siècle avant d'unifier leur propre système monétaire dans le Federal Reserve System.

Pas de libre circulation des choses sans un cadre institutionnel approprié. Mais, à notre époque, pas d'institutions qui tiennent sans inspirer la confiance et susciter le consentement.

Là est la signification profonde de la construction européenne. Après avoir donné au monde l'État national et la société industrielle, il revenait à l'Europe d'imaginer une synthèse qui les dépasse. Ainsi la CEE, malgré ses faiblesses et ses défauts, constitue-t-elle le premier exemple historique d'un groupe de nations qui ont commencé, en dehors de toutes contraintes imposées de l'extérieur, à s'unir par libre consentement. C'est la bonne méthode. Mais c'est aussi une méthode lente quand le temps presse, et aléatoire quand la communication passe mal.

Depuis que les méthodes disciplinaires ne fonctionnent plus, il ne reste que deux moyens pour susciter la création de nouvelles institutions : la méthode douce, celle de la communication, et la méthode dure, celle de l'expérimentation. La Communauté européenne, pointe avancée de l'Histoire, s'est enlisée pendant vingt ans, dans l'incapacité d'aboutir à des règles communes à partir d'un consentement général. Cela explique que la même Communauté en soit venue à changer radicalement de méthode et à recourir à la méthode dure, celle de l'expérimentation, de l'apprentissage sur le tas. L'objectif 1992, c'est cela. Il consiste à faire l'expérience, unique dans l'Histoire, d'un marché entièrement libre et sans frontières dans une société plurinationale qui ne parvient toujours pas à prendre des décisions communes, sinon dans des domaines secondaires.

Seulement voilà : ne sommes-nous pas en train de substituer une contradiction à une autre ? Nous désirons surmonter celle qui oppose la société industrielle à l'État national. Mais nous nous engouffrons dans un marché sans institutions ; nous ouvrons les portes de la ville à toutes les voitures qui veulent y circuler et nous supprimons les feux tricolores. *Embouteillages en vue !*

De là l'importance du rapport Padoa-Schioppa, remis à la Commission de Bruxelles et qui conclut à l'impossibilité de concilier la libération des mouvements de capitaux, les changes fixes et l'autonomie des politiques monétaires. Diagnostic explosif, puisqu'il signifie, en clair, que le Marché unique (qui implique la liberté totale des flux financiers) est incompatible avec le Système Monétaire Européen tel qu'il fonctionne, c'est-à-dire sans harmonisation des politiques monétaires et donc des taux d'intérêt.

C'est si vrai que la Communauté a expérimenté en 1987 cette contradiction. En février, la mauvaise articulation entre les taux allemands (trop hauts) et les taux français (trop bas) déclenche une spéculation qui contraint les Allemands à réévaluer le mark alors que ni eux, ni les autres Européens, ne souhaitaient cette réévaluation. En octobre, après le krach boursier, même schéma, même menace. Cette fois Paris et Bonn se concertent : la France relève son taux de 0,75 point et l'Allemagne abaisse le sien de 0,50 point. La parité franc-mark est sauvée !

A partir de 1992, la libération des activités financières et des mouvements de capitaux va gonfler les flots d'argent qui circuleront dans la Communauté. Le SME actuel ne constitue pas une digue suffisante pour canaliser ces flots. Il sera emporté ou il sera substantiellement renforcé avec une monnaie commune, une banque centrale européenne et un budget communautaire suffisant pour corriger les déséquilibres inévitables entre toutes les régions du vieux continent.

L'Europe de 1992 lance le Marché unique à l'assaut des États nationaux. Elle va les démanteler. Mais l'anarchie qui en résultera peut avoir deux conséquences.

Ou bien les peuples prendront peur et ils se révolteront contre ce désordre, reconstruisant ici ou là des fortins pour se protéger ; ce sera la première guerre de sécession européenne. Ce qui vient de se passer en France avec l'explosion d'une nouvelle force politique, le Front National, qui ne canalise pas seulement la peur des immigrés, mais aussi celle de tout ce qui est étranger donc la peur de la compétition, constitue un signal d'alerte. Le même pays — la France — qui semblait s'enthousiasmer pour le Marché unique s'en inquiète aussi, ailleurs, dans son inconscient. C'est la première hypothèse, nullement théorique.

Ou bien les responsables sauront construire les fondations d'un État multinational minimum, et un nouvel ordre naîtra du désordre.

Annexes

ANNEXE I

Résoudre la crise économique mondiale

Déclaration des trente-trois économistes de treize nationalités différentes. Décembre 1987 [1]

L'Institute for International Economics dont le directeur est Fred Bergsten, ancien sous-secrétaire d'État pour les affaires internationales au département du Trésor, a organisé les 23 et 24 novembre 1987 à Washington une conférence réunissant les directeurs des principaux instituts de recherche mondiaux (Bruxelles, Kiel, Londres, Paris, Rome, São Paulo, Séoul, Tokyo) pour proposer une stratégie susceptible d'aider au règlement de la crise actuelle.

Ce projet a été discuté et signé par trente-trois économistes comprenant deux prix Nobel et de nombreux anciens responsables gouvernementaux en provenance des principaux pays industriels mais aussi des pays clefs du Sud-Est asiatique et d'Amérique latine.

Les trois signataires français sont : Michel Albert, président du CEPII (Centre d'Études Prospectives et d'Informations Internationales), Edmond Malinvaud, professeur au Collège de France, ancien directeur de l'INSEE, et Thierry de Montbrial, directeur de l'IFRI (Institut Français des Relations Internatio-

1. Nous publions ici, avec l'aimable autorisation de l'IFRI, la traduction faite par leurs soins.

nales), président du département de sciences économiques à l'École polytechnique.

Les marchés financiers ont envoyé deux signaux très clairs sur la gravité de la situation économique mondiale. D'abord, le marché américain des obligations s'est effondré d'environ 30 % dans les premiers mois de 1987 puis, à la fin de cette même année, les marchés des actions du monde entier ont chuté de 20 à 30 %.

Des déséquilibres énormes et insoutenables sont au cœur du problème. Ils apparaissent sous plusieurs formes dans différentes parties du globe : déficits importants du budget et de la balance des paiements courants aux États-Unis, excédents commerciaux élevés du Japon et des pays d'Asie récemment industrialisés, fort chômage en Europe, endettement et stagnation dans les pays en voie de développement.

Le déséquilibre international le plus criant — mis à part le transfert regrettable de ressources réelles de pays endettés en voie de développement vers des pays industrialisés plus riches — est l'endettement croissant des États-Unis vis-à-vis des trois principales zones à excédents commerciaux : le Japon, l'Europe (essentiellement la RFA) et les pays récemment industrialisés d'Asie, en particulier Taiwan.

Aujourd'hui, le principal danger qui nous menace, faute d'une correction de ces déséquilibres, est une récession mondiale très grave. Notre plus grand atout est que les mesures correctives dont chaque pays a besoin dans son propre intérêt contribueront également à résorber les déséquilibres mondiaux.

En raison avant tout de la brusque augmentation du déficit du budget fédéral depuis 1981, les États-Unis dépensent plus qu'ils ne produisent et investissent plus que ne peut financer leur épargne insuffisante. En conséquence, l'Amérique importe maintenant deux fois plus qu'elle n'exporte et ses emprunts massifs à l'étranger l'ont fait passer du rang de premier créancier mondial à celui de premier débiteur mondial.

De leur côté, les pays excédentaires ont trop compté sur une croissance tirée par les exportations et ont, en outre, investi à l'étranger des sommes qui auraient pu, souvent, être utilisées avec plus de profit chez eux. A des degrés divers, la plupart d'entre eux souffrent d'un large sous-emploi de leur main-d'œuvre et de leurs autres ressources, et d'importants besoins sociaux non satisfaits. Dans de nombreux pays d'Europe en particulier, le chômage reste encore extrêmement élevé, en dépit de plusieurs années de reprise de la croissance.

Ces déséquilibres intérieurs et extérieurs sont depuis un certain temps largement, si ce n'est universellement, reconnus. Mais l'économie mondiale a, malgré ces déséquilibres, connu une croissance relativement satisfaisante avec une inflation modérée parce que les investisseurs privés des pays excédentaires préféraient, compte tenu du cours du dollar et du niveau des taux d'intérêt américains de l'époque, financer les déficits américains plutôt que d'investir dans leur pays ou dans les pays en voie de développement.

En 1987, toutefois, la situation a changé du tout au tout. L'afflux net de capitaux étrangers privés aux États-Unis s'est épuisé, en particulier les fonds en provenance du Japon, entraînant ainsi l'effondrement du marché américain des obligations. Les banques centrales se sont insinuées dans la brèche et ont accru leurs réserves de change d'environ 13 milliards durant les dix premiers mois de l'année. Les pays excédentaires ont vu leurs masses monétaires augmenter sensiblement, la peur de l'inflation s'est réveillée et les taux d'intérêt ont connu une hausse un peu partout dans le monde.

Aussi, lorsque les chiffres décevants du commerce extérieur américain mirent fin à l'accalmie provisoire provoquée par l'apparente stabilité des cours après les accords du Louvre, les craintes d'une dépréciation du dollar, d'une hausse de l'inflation et de taux d'intérêt encore plus élevés se ravivèrent. Les prix des actions dégringolèrent partout dans le monde. La Réserve fédérale prit la décision judicieuse à court terme d'abaisser les taux d'intérêt dans le sillage des événements de la Bourse de Wall Street en créant d'importantes quantités de liquidités. Mais cette politique ne peut être maintenue longtemps si les principales craintes concernant le dollar et le déficit budgétaire américain ne sont pas dissipées.

Il n'est plus possible de méconnaître les déséquilibres sous-jacents. En vérité, si l'on néglige de les corriger, on court le risque de sombrer dans une récession qui s'étendra à la presque totalité du globe : aux États-Unis, par le biais d'une chute excessive du dollar déclenchant une nouvelle hausse des taux d'intérêt, une deuxième bourrasque sur Wall Street et à terme une reprise de l'inflation ; aux pays excédentaires, sous l'effet d'un brusque tassement supplémentaire de leurs excédents commerciaux (dû au retournement de la situation américaine et à la revalorisation importante de la monnaie de ces pays) avec des effets multiplicateurs sur les investissements et la situation de l'emploi sur le marché national ; enfin aux pays en voie de développement, par une conjugaison des phénomènes décrits ci-dessus. Ces événements pourraient précipiter le retour déjà inquiétant au protectionnisme commercial et replacer l'endettement du Tiers-Monde dans une situation critique.

Nous pensons donc qu'il est absolument urgent de s'attaquer à ces problèmes fondamentaux avec vigueur et efficacité. Ce sont les États-Unis qui, les premiers, doivent s'atteler à la tâche car leur double déficit est au cœur du problème. Pour rétablir la stabilité, il est également essentiel que les régions excédentaires modifient leurs politiques. Elles seront toutefois davantage tentées d'œuvrer dans ce sens si les États-Unis entreprennent une action beaucoup plus vigoureuse pour réduire leurs propres déséquilibres.

Ampleur du problème

Le déficit américain des paiements courants atteint 150 à 160 milliards de dollars par an. Faut-il, pour rétablir la confiance dans le dollar, résorber totalement le déficit afin de mettre un terme à l'envolée de la dette extérieure ou bien simplement le réduire radicalement ? Les avis sont partagés sur la question.

Certains estiment qu'il suffirait de commencer à réduire le déficit pour le ramener progressivement aux alentours de 1 % du PNB (soit, aujourd'hui, 50 milliards de dollars), ce qui permettrait de contenir la hausse du rapport de la dette extérieure au PNB d'ici 1990-1991.

D'autres, comme le Joint Economic Committee du Congrès américain, sont d'avis que les États-Unis ne pourront pleinement rétablir la confiance qu'en retrouvant leurs excédents courants traditionnels, objectif en tout état de cause hautement souhaitable pour un pays aussi riche que les États-Unis (afin de pouvoir de nouveau exporter ses capitaux) et pour le leader du monde libre (pour éviter de saper son rôle de protection aussi bien dans les faits que dans les esprits).

Quel que soit le point de vue adopté, l'ajustement nécessaire de la balance des comptes courants est énorme puisqu'il s'échelonne entre 100 et 150 milliards de dollars sur les quatre ou cinq années à venir.

De l'autre côté, tous les pays excédentaires devront participer à cet ajustement, en contrepartie de l'inévitable correction du déficit extérieur américain, qu'aucun pays à lui seul n'est en mesure d'absorber. Si l'on se réfère à la répartition actuelle des excédents des paiements courants et à leur croissance dans les années quatre-vingt, le Japon devrait réduire ses excédents d'à peu près 50 à 75 milliards de dollars, l'Allemagne de 30 à 50 milliards et les pays récemment industrialisés d'Asie de 20 à 25 milliards.

EXEMPLE D'AJUSTEMENT DES COMPTES COURANTS NATIONAUX 1980-1981 à 1991-1992 (moyennes annuelles, milliards de dollars)

	Réalisé 1980-1981	Estimé 1986-1987	Visé 1991-1992
États-Unis	5	– 150	0 à – 50
Japon	0	85	10 à 30
RFA	– 10	40	– 10 à 10
Taiwan	0	18	0 à 10
Corée	– 5	7	0 à 5

Une amélioration de la situation des pays endettés du Tiers-Monde pourrait faciliter cet ajustement. Tout nouvel accord de financement permettant aux pays débiteurs de diminuer le montant actuel de leurs transferts de ressources vers l'étranger se traduirait par une amélioration des balances commerciales dans le reste du monde. Ainsi, plus le volume des fonds supplémentaires envoyés aux pays débiteurs sera grand, moins les pays créditeurs auront besoin de réduire leurs excédents.

Il convient de remarquer que les rééquilibrages indispensables des balances commerciales seront encore plus importants que ceux des balances des comptes courants. En 1990, le service de la dette des États-Unis, pour une dette extérieure cumulée d'environ 700 milliards de dollars, aura augmenté de 30 à 40 milliards de dollars, et les pays créditeurs gagneront sur leurs avoirs à l'étranger un montant équivalent. Par conséquent, il faudra résorber de 150 à 200 milliards de dollars environ le déficit de la balance commerciale américaine pour que les comptes courants soient ramenés dans la fourchette prévue de – 50 milliards de dollars à zéro tandis que les rééquilibrages correspondants seront de 70 à 100 milliards de dollars pour le Japon, 50 à 70 milliards pour l'Europe (essentiellement l'Allemagne) et 30 milliards pour les pays récemment industrialisés d'Asie.

Ces redressements des balances commerciales auront des répercussions importantes sur la production et l'emploi dans les pays concernés. Ce qui importe dans ce contexte, c'est la modification de la balance commerciale en termes réels, c'est-à-dire en volume. Or, cette modification a de grandes chances d'être supérieure de 25 à 50 %, suivant le pays en question, à celle de la balance commerciale en termes nominaux, c'est-à-dire en valeur [1].

Pour les États-Unis, ceci signifie que la croissance de la dépense nationale devra être réduite de façon spectaculaire afin de permettre une augmentation du volume des exportations, assortie d'une diminution de celui des importations, d'environ 4,5 % du PNB courant sur quatre ou cinq ans. Le Japon et l'Allemagne, quant à eux, devront relancer la dépense nationale, essentiellement l'investissement, d'un pourcentage du PNB à peu près identique, pour compenser une chute brutale du volume des exportations nettes et éviter une montée en flèche du chômage.

La gageure sera de réaliser ces ajustements de taille tout en maintenant une croissance de l'économie mondiale d'au moins 2,5 à 3 % par an. Ce chiffre est encore en deçà du niveau qui pourrait être atteint si toute la main-d'œuvre au chômage ou sous-employée, notamment en Europe et dans de nombreux pays en voie de développement, était mise au travail.

1. Ceci s'explique par le fait que la chute du dollar se traduit par une hausse des prix des importations américaines par rapport aux prix des exportations, de sorte qu'en dollars courants (nominaux), à cause de la détérioration des termes de l'échange, on perd une partie du bénéfice apporté par une augmentation du volume des exportations et une diminution de celui des importations. Inversement, dans les pays excédentaires, une partie des pertes prove-

Cependant, ce taux de croissance devrait permettre d'enrayer la montée du protectionnisme, voire d'inverser la tendance. Une nouvelle crise de l'endettement du Tiers-Monde devrait pouvoir être conjurée. Bien sûr, d'autres mesures plus spécifiques seraient nécessaires. Mais il est évident qu'une stratégie de croissance est essentielle pour prévenir dans ces domaines toute aggravation susceptible de compromettre le processus d'ajustement et mettre à mal l'économie mondiale.

Il est également vital que les déséquilibres internationaux soient corrigés de façon à préserver les victoires durement remportées sur l'inflation entre 1980 et 1985. C'est là, bien sûr, l'une des principales raisons d'entreprendre et de réaliser un ajustement constructif sans lequel les États-Unis, comme avant eux beaucoup de gros débiteurs, pourraient être tentés, à un moment ou à un autre, de résorber leur endettement par l'inflation.

Il convient donc de ne pas trop attendre d'une dépréciation du dollar, étant donné en particulier le rôle clef que joue cette devise dans l'économie mondiale. Il serait également inconsidéré de demander aux pays excédentaires de rechercher une expansion dépassant leurs capacités réelles. De même, ces pays ne doivent pas courir le risque d'une croissance excessive de leur masse monétaire en intervenant massivement sur les marchés des devises.

Évolution à ce jour

En dollars, les déséquilibres commerciaux se sont stabilisés. Ce progrès considérable est souvent méconnu : quand le dollar culminait dans les premiers mois de 1985, le déficit de la

nant du recul des exportations et de la progression des importations est compensée par l'amélioration des termes de l'échange.

balance américaine des comptes courants, par exemple, était parti pour atteindre, au début des années quatre-vingt-dix, un montant annuel de 300 milliards de dollars.

En outre, en volume, les déséquilibres commerciaux ont commencé d'évoluer dans le bon sens dans presque tous les grands pays. Les excédents de la balance des comptes courants du Japon et de l'Allemagne ont diminué de plus de 1 % du PNB en termes réels en 1986. Les exportations américaines se sont accrues, l'année dernière, de plus de 15 % tandis que la hausse des importations de produits non pétroliers s'est tassée. La balance commerciale américaine des produits hors pétrole a progressé d'approximativement 1 % du PNB, soit plus rapidement qu'en 1978-1980 et aussi vite qu'elle s'était détériorée au début des années quatre-vingt.

Pourtant, à ce jour, ces progrès en volume ont été en grande partie occultés par les effets sur les prix des modifications du cours des monnaies. Les déséquilibres extérieurs en dollars courants continuent de s'accentuer (excepté au Japon ces derniers mois) ; or ce sont eux qu'il faudra financer. Le déficit américain sera plus fort en 1987 qu'en 1986, de même que les excédents de l'Allemagne, de Taiwan et de la Corée.

Avec le temps, la variation du volume des échanges commerciaux que l'on observe aujourd'hui atténuera les déséquilibres en dollars courants, quand l'ajustement des prix du dollar plus faible sera terminé. Mais, à l'heure actuelle, l'amélioration possible ne suffit pas.

Avant les nouveaux réaménagements monétaires de l'automne 1987, le Fonds Monétaire International (FMI) et l'Organisation de Coopération et de Développement Économique (OCDE) ne prévoyaient qu'une diminution relativement minime du déficit américain, malgré une chute de plus de 30 % du taux de change effectif du dollar (mesuré par l'indice du FMI). Entre la mi-août et début décembre, le dollar avait perdu en termes effectifs encore 4 % de sa valeur. Mais, même en tenant compte de cet effondrement, il semble impensable que le déficit des comptes courants puisse tomber largement en dessous de 100 milliards de dollars avec les politiques actuelles. En réalité, la plupart des prévisions le voient s'aggraver à nouveau après 1989-1990.

Nous sommes confrontés à un problème de *timing* très délicat. Les déséquilibres que nous connaissons aujourd'hui ont mis au moins cinq ans à naître et ne pourront être corrigés du jour au lendemain. Même dans les scénarios les plus optimistes, il faudra quatre à cinq ans pour les éliminer. Or les marchés financiers viennent de nous adresser un message sur lequel on ne peut se méprendre : ces déséquilibres sont devenus insupportables et font peser une grave menace sur l'économie mondiale. Il est donc urgent d'entreprendre l'effort d'ajustement dès maintenant, même si sa mise en œuvre doit prendre plusieurs années, et s'il ne porte pas tous ses fruits avant le début des années quatre-vingt-dix.

Politiques recommandées

Nos recommandations se répartissent en trois catégories : les politiques économiques dans chacun des grands pays, les taux de change et les problèmes fonctionnels spécifiques (commerce et endettement). Comme les politiques économiques nationales sont au cœur du problème, nous commencerons par ce sujet.

Politiques économiques nationales

S'agissant des États-Unis, nous avons suggéré qu'ils devraient se donner pour objectif d'améliorer leur balance commerciale de l'équivalent de 4,5 à 6 % du PNB par an en volume. Pour ce faire, il leur faut maintenir la croissance de la demande intérieure à 1-1,5 % en dessous de la croissance de la production pendant quatre à cinq ans, c'est-à-dire l'inverse de ce qui s'est produit ces quatre dernières années où la demande intérieure a dépassé chaque année la production de 1,2 % en moyenne. Le taux d'utilisation de la capacité industrielle est très élevé, et le chômage a retrouvé son niveau des années soixante-dix, approchant donc le taux considéré par nombre d'entre nous comme le « taux naturel ». Ainsi, ayant financé de façon inconsidérée leur déficit extérieur par des afflux de capitaux insoutenables, les États-Unis se trouvent maintenant confrontés à un problème classique d'ajustement de la balance des paiements.

En principe, on devrait pouvoir opérer la réduction nécessaire de la demande intérieure en freinant la consommation privée, l'investissement privé ou les dépenses publiques nettes. De nouveaux investissements importants seront toutefois indispensables dans les industries d'exportations ou de concurrence avec les importations, afin d'accompagner l'amélioration requise de la balance commerciale. La demande des consommateurs, après le krach de Wall Street, peut faiblir quelque peu et le taux d'épargne des ménages peut retrouver son niveau traditionnel, ce qui aiderait à financer la hausse des exportations nettes et de l'investissement.

Mais c'est la politique économique qui devra assurer l'essentiel de la redistribution des ressources requise. L'objectif devra être d'équilibrer le budget « structurel » en 1992 [1]. Avant l'accord passé entre le gouvernement et le Congrès en novembre, le déficit pour l'exercice financier 1988 se serait situé aux

1. Nous tenons à souligner que les réductions devraient être calculées et mises en œuvre sur la base du déficit budgétaire structurel et non réalisé. Si le déficit budgétaire réalisé ne diminue pas dans la mesure prévue en raison d'un fléchissement de l'activité économique, qui est assez probable, il sera possible et même souhaitable de ne pas en tenir compte pour autant que l'on aura mis en place un programme crédible pour réduire à néant le déficit structurel au début des années quatre-vingt-dix et qu'on l'appliquera fidèlement.

environs de 180 milliards de dollars, soit 4 % du PNB, ce qui correspond au déficit budgétaire « structurel » puisque le taux de chômage est aujourd'hui proche du taux naturel pour les États-Unis.

Le débat sur le budget de l'exercice financier 1989 commencera au début de 1988 et devrait aboutir le plus vite possible. Il faudrait que le déficit du budget structurel diminue d'au moins 40 milliards de dollars par rapport au déficit de 1988 qui, si l'accord passé en novembre prend pleinement effet, devrait se situer aux alentours de 160 milliards de dollars. De nouvelles réductions de l'ordre de 40 milliards de dollars seraient nécessaires pour chacune des trois années suivantes. Ce calendrier est à peine plus ambitieux que celui réclamé par la loi Gramm-Rudman. Toutefois, en l'état actuel, cette loi présente de nombreux points faibles, et l'on ne peut s'y fier pour atteindre les objectifs qu'elle préconise.

Pour rétablir la confiance dans les marchés des changes, des obligations et des actions, il est primordial que le Congrès adopte par avance les lois sur les réductions des dépenses et les augmentations d'impôts, dont l'introduction progressive permettrait d'éliminer le déficit budgétaire structurel d'ici le début des années quatre-vingt-dix, soit sur la période où il est nécessaire de corriger les déséquilibres internationaux. La meilleure solution pour les dépenses consisterait peut-être à modifier les formules utilisées pour fixer les allocations versées dans le cadre des grands programmes sociaux ou encore leur système d'imposition, voire les deux.

Par rapport à ce programme, nous jugeons l'accord de novembre 1987 entre le Congrès et le gouvernement extrêmement insuffisant. Les « réductions » décidées par cet accord maintiendraient le déficit structurel de 1989 à son niveau actuel, c'est-à-dire 30 milliards de dollars en deçà de l'objectif proposé plus haut. En outre, l'accord contient certaines mesures « douces », comme les ventes d'actifs qui ne se produisent qu'une fois et une accélération présumée du recouvrement des impôts. Reste à les mettre en pratique.

En dépit des difficultés politiques évidentes que cela comporte, nous exhortons le Congrès et le gouvernement à reprendre leurs tablettes. Nous avons constaté que des séries de mesures budgétaires importantes, y compris des augmentations d'impôts, ont eu lieu durant les trois dernières années d'élection. Par conséquent, cette raison ne peut pas être invoquée pour refuser toute action.

Le réaménagement budgétaire qui politiquement serait le plus facile à réaliser comprendrait probablement une combinaison de resserrement des dépenses militaires, compression des dépenses non militaires (y compris des programmes sociaux) et augmentation d'impôts. Les divers ingrédients du réaménagement importent moins que son ampleur totale et que sa rapidité d'exécution et sa crédibilité. Néanmoins, il est essentiel que toute modification des dépenses ou (surtout) des impôts favorise l'épargne et l'investissement de préférence à la consommation, du fait de l'importance de redresser l'épargne nationale et de développer l'investissement, en particulier dans le secteur des biens commercialisables. Avant tout, il est impératif de rétablir la confiance dans la capacité de gestion des finances publiques aux États-Unis, ne serait-ce que pour pouvoir utiliser à nouveau la politique budgétaire pour contribuer à sortir le pays d'une forte récession.

Une telle contraction du déficit budgétaire aurait par elle-même tendance à déprimer l'économie américaine. Mais, comme nous l'avons fait remarquer, la faiblesse du dollar donne déjà un fort coup d'accélérateur dont les effets persisteront durant plusieurs années.

De façon tout aussi importante, nous croyons que le déficit budgétaire américain, entre autres, est un facteur explicatif significatif du niveau anormalement élevé des taux d'intérêt réels à long terme ces dernières années, non seulement aux

États-Unis mais aussi dans d'autres pays. Par conséquent, une fois que les marchés financiers seront convaincus que le problème budgétaire américain est en passe d'être résolu, il devrait être possible de stabiliser le dollar à un cours correct en ramenant les taux d'intérêt américains à un niveau légèrement inférieur, tandis que la Réserve fédérale pourrait renouer avec un rythme de création de monnaie plus régulier qui favorise la croissance sans pour autant pousser à l'inflation.

En effet, nous assignons comme principal objectif aux politiques que nous préconisons la baisse des taux d'intérêt réels à long terme dans le monde entier, sans exiger des banques centrales une création excessive de monnaie, qui irait à l'encontre de l'objectif recherché. Certes, cette baisse pourrait se révéler de courte durée si les politiques que nous proposons déclenchaient le boom mondial des investissements que nous appelons de nos vœux. Mais ce serait là un motif de réjouissance et non d'inquiétude.

Dans l'ensemble, nous pensons donc que l'effet dépressif des coupes sombres dans le budget proposées pour les États-Unis serait rapidement contrebalancé par l'effet tonique de la baisse du dollar et des taux d'intérêt et ouvrirait donc la voie — probablement après un ralentissement provisoire — à une nouvelle période d'accélération de la croissance.

Bien sûr, il nous faut souligner que c'est aujourd'hui que le déficit budgétaire doit être nettement comprimé. L'économie réelle est encore bien portante. Si le déficit n'est pas résorbé pour laisser la place à une croissance des exportations nettes, la demande risque de subir rapidement des poussées inflationnistes. En même temps, si rien n'est entrepris pour corriger le déficit budgétaire, l'érosion de la confiance dans les marchés financiers pourrait à terme conduire à un effondrement de la demande intérieure par le biais le plus indésirable d'une récession.

Le Japon doit relever le défi inverse. Partant d'une économie traditionnellement entraînée par les exportations, il doit recentrer cette économie sur la demande intérieure et stimuler la productivité de la production orientée vers le marché national afin qu'elle prospère comme la production d'exportations dans le passé.

Le Japon devra peut-être conserver un petit excédent de la balance des paiements courants, de l'ordre de 1 à 1,5 % du PNB (soit à peu près 25 à 35 milliards de dollars à ce jour), compte tenu de son taux d'épargne élevé (même s'il a tendance à diminuer) et de ses possibilités d'investissement plus faibles sur le territoire national. En outre, il aura probablement toujours une balance commerciale excédentaire avec les États-Unis puisqu'il doit importer ses matières premières et exporter vers les autres pays à forts revenus. Quoi qu'il en soit, il devra réduire de 10 à 15 milliards de dollars par an ses excédents des comptes courants dans les quatre à cinq années qui viennent. Cela nécessitera une diminution encore plus importante, voire l'élimination, de ses excédents commerciaux, en raison de la progression rapide des revenus des investissements à l'étranger du Japon, premier bailleur de fonds du monde.

L'ajustement qui s'impose est d'une ampleur considérable. Pour contrebalancer l'amenuisement des excédents commerciaux, la demande devra croître chaque année de 1 à 1,5 % plus vite que le PNB (soit de 4,5 % à 5,5 % par an) si l'on ne veut pas que le chômage augmente.

Le Japon a une multitude de besoins non satisfaits qui permettront de négocier le virage vers la demande intérieure. Le parc de logements a besoin d'une opération de modernisation de grande envergure. Les occasions d'investir par ailleurs dans de grands travaux d'infrastructure abondent. La déréglementation de secteurs clefs comme l'agriculture, l'utilisation des sols en ville et la politique commerciale offrent de nombreuses possibilités. Les deux rapports Meakawa décrivent comment le

Japon peut opérer sa reconversion afin tout à la fois d'assurer à ses habitants un niveau de vie à la hauteur de leur remarquable productivité et d'harmoniser beaucoup mieux son économie avec celle du reste du monde.

Trois trains de mesures peuvent stimuler cette transformation. La politique macroéconomique nationale, y compris la politique de taux de change, devrait continuer à soutenir la croissance de la demande intérieure et comporter des incitations tarifaires pour pousser les entreprises à orienter leurs activités dans cette direction. Deuxièmement, les politiques microéconomiques, en particulier en matière d'utilisation des sols, de fiscalité, de politique agricole et de réglementations (dont les restrictions sur les importations), devront renforcer l'élan de la politique macroéconomique. Troisièmement, les entreprises elles-mêmes devraient réorienter leurs activités vers le marché intérieur – comme beaucoup le font déjà dans une large mesure – et pourront dans certains cas accélérer l'ajustement général en développant l'investissement direct à l'étranger.

Heureusement, le processus d'ajustement a pris un excellent départ. La demande intérieure, éperonnée par le programme de relance de 6 000 milliards de yens décidé en mai 1987, connaît actuellement une croissance de 4,5 à 5 %. Toutefois, une accélération supplémentaire se révélera peut-être indispensable pour soutenir les efforts d'ajustements dans les quelques années à venir et contrebalancer la poursuite récente de la hausse du yen. Cela pourrait être amené par une combinaison de déréglementation, d'allégements fiscaux et de programmes d'investissements publics ou mixtes privé-public.

Une telle action budgétaire devrait être conçue pour stimuler la demande intérieure tout en maintenant à moyen terme le déficit budgétaire structurel à un niveau supportable. Cette politique est réalisable car le déficit structurel actuel (de l'ensemble des administrations publiques) est en dessous de ce niveau et parce que le montant de la vente de NTT (Nippon Telephone and Telegraph) peut servir à financer un dépassement provisoire de celui-ci.

La situation est tout autre en Europe : le chômage y est élevé et la croissance lente. Dans son ensemble, l'Europe exporte des capitaux qui pourraient être mis à profit sur place : 1 % du PNB pour la Communauté européenne mais 3 % pour l'Allemagne. Les prévisions de croissance ont été ramenées à moins de 2 % pour 1987 et 1988 (et en Allemagne à 1,5 % d'après le Comité allemand des conseillers économiques). Il existe donc un potentiel considérable du côté de l'offre pour remplacer la demande d'exportation par des dépenses intérieures, et notamment des investissements, la dépense intérieure totale augmentant de 1 à 2 % de plus que le pourcentage prévu, au moins dans les deux ou trois années à venir.

Au niveau international, il est important de comprendre qu'une accélération de la croissance en Europe dépend principalement d'une accélération des dépenses intérieures en Allemagne. De 1983 au premier semestre 1987, 80 % de l'augmentation de l'excédent commercial total de l'Allemagne, soit 55 milliards de marks, provenaient de son commerce avec les autres pays d'Europe de l'Ouest. C'est en partie pour cette raison qu'en dépit de l'apparition d'un déficit considérable des paiements courants aux États-Unis, les comptes courants de la plupart des autres pays européens, y compris la France, l'Italie et la Grande-Bretagne, sont actuellement soit presque en équilibre, soit déficitaires. Ils craignent donc que, s'ils sont seuls à connaître une expansion, leur position commerciale ne se détériore rapidement et qu'il ne leur faille prématurément réduire leurs dépenses.

C'est pourquoi la seule voie réaliste et supportable vers une croissance accélérée en Europe est une expansion simultanée dans tous les pays qui disposent individuellement d'un potentiel de croissance plus rapide. Cette expansion simultanée est aussi une condition *sine qua non* pour faciliter et contrebalancer la contraction indispensable du déficit commercial américain. Elle doit s'accompagner de mesures favorables à l'offre afin de minimiser le risque de voir des goulets d'étranglement étouffer la croissance ou rallumer l'inflation.

Au début des années quatre-vingt, la sagesse de la politique monétaire de la Bundesbank a contribué pour une large part, par le biais du Système Monétaire Européen, à faire baisser l'inflation en Europe. Depuis 1985, toutefois, le Système Monétaire Européen a permis de freiner la hausse du mark et favorisé un gonflement considérable de l'excédent commercial de l'Allemagne dans ses échanges avec ses partenaires européens. Ainsi, pour que l'Europe tout entière rattrape son retard de croissance, il faudra sans doute non seulement fortement relancer la demande intérieure allemande, mais aussi réévaluer le mark au sein du Système Monétaire Européen, et obtenir du gouvernement allemand qu'il accepte un déficit de sa balance des paiements courants pendant un certain temps.

Une croissance plus rapide en Europe donnerait un élan considérable à l'économie mondiale dans son ensemble. La Communauté est un gros importateur, surtout de matières premières, et une accélération de sa croissance stimulerait une progression du volume et des prix des exportations de l'ensemble des pays en développement. La demande d'exportations en provenance des États-Unis augmenterait à son tour, facilitant considérablement l'ajustement mondial, même si le volume des échanges commerciaux directs de la seule Allemagne, par exemple, avec les États-Unis est relativement faible. La Communauté, en tant que groupe, pourrait, pour un temps, avoir un déficit extérieur, en rapatriant une partie de l'épargne nationale placée à l'extérieur pour l'investir sur le marché intérieur afin de réduire le chômage.

Le gouvernement allemand vient de rendre public un programme prévoyant l'octroi de crédits subventionnés aux autorités locales ainsi qu'aux petites et moyennes industries. Cette mesure va certainement dans la bonne direction, mais il faut y adjoindre une politique budgétaire vigoureuse. Les allégements d'impôts prévus pour 1990 devraient être avancés et étendus. Ces actions ont déjà été soigneusement préparées dans le cadre d'un programme à moyen terme. Mais leur calendrier a été fixé avant que n'interviennent les problèmes monétaires et autres événements internationaux qui ont ralenti la croissance allemande et exigent à présent des parades plus rapides en agissant sur la demande intérieure.

Outre les diminutions d'impôts programmées et compte tenu de la nécessité de stimuler l'investissement et de réduire le chômage, l'Allemagne devrait également envisager d'augmenter provisoirement les provisions pour amortissements ou d'abaisser les cotisations sociales sur l'emploi, voire de combiner les deux mesures. Les impôts pourraient être allégés davantage si le gouvernement était prêt à couper progressivement les subventions à l'agriculture et à l'industrie.

A l'heure actuelle, la politique monétaire européenne est vraiment expansionniste comme le prouvent la croissance de la masse monétaire et la série récente de baisses conjointes des taux d'intérêt à court terme. Comme nous l'avons souligné plus haut, nous estimons que, dès que les États-Unis auront pris la ferme décision de réduire leur déficit budgétaire, les taux d'intérêt réels à long terme devraient pouvoir baisser dans le monde sans qu'il y ait création inflationniste de monnaie. Cette évolution serait particulièrement bienvenue en Europe et devrait être encouragée en raison de la nécessité de stimuler l'investissement.

Les pays d'Europe méridionale, où les déficits budgétaires demeurent excessifs et où la réussite des mesures anti-inflationnistes doit encore être consolidée, n'ont pas la latitude voulue pour prendre seuls des mesures expansionnistes. Toutefois, dans beaucoup d'autres pays européens, une accélération de la croissance en Allemagne ouvrirait la voie de ce type d'action

Sur le plan fiscal, l'objectif prioritaire devrait être la relance de l'emploi, essentiellement par la réduction de l'écart entre le prix de revient d'un salarié et son salaire net après prélèvements fiscaux. Sur le plan des dépenses, il convient d'augmenter l'investissement dans les grands travaux d'infrastructure – y compris certains projets européens de transports et de communications – qui n'avaient pas été débloqués dans les dernières années en raison de l'austérité financière. Dans la mesure du possible, ces projets devront être financés par le secteur privé (comme c'est le cas du tunnel sous la Manche) ou par la Banque européenne d'Investissement et le Fonds européen de Développement afin d'éviter de grever davantage les budgets nationaux.

Enfin, et c'est là un point essentiel, de réels progrès dans l'élaboration d'un « marché européen unique » des finances et du commerce faciliteraient et renforceraient grandement le transfert de ressources nécessaire pour compenser des exportations nettes en déclin vers les États-Unis par des investissements créateurs d'emplois, destinés à tirer avantage des possibilités offertes par un marché européen plus intégré.

Un programme cohérent d'expansion et de diminution du chômage serait de toute évidence profitable à l'Europe. Il contribuerait également pour beaucoup à soutenir la croissance de l'économie mondiale durant les années difficiles où les États-Unis s'efforceront de combler leur double déficit. Étant donné la hausse des taux de change et la concurrence acharnée des pays étrangers, les quelques années à venir offrent à l'Europe une occasion unique d'atteindre ces buts sans rallumer l'inflation.

Les pays récemment industrialisés d'Asie sont très dissemblables et tous diffèrent nettement du Japon (surtout en raison du niveau bien inférieur de leurs revenus par habitant et de leur industrialisation beaucoup moins poussée). Seul Taiwan a, depuis 1981, une balance des comptes courants excédentaire.

Cet excédent et ses réserves de change — le troisième et les premières dans le monde respectivement — dépassent de loin ceux des autres pays industriels d'Asie. Parmi ces pays, la Corée a le plus bas revenu par habitant et reste l'un des plus gros débiteurs mondiaux, quoique le surplus des paiements courants qu'elle a dégagé en 1986 soit devenu considérable en 1987 et qu'elle soit en train de réduire son endettement rapidement. Taiwan et la Corée conservent tous deux une vaste panoplie de barrières à l'importation, bien qu'ils aient entrepris de les supprimer à une grande échelle. En revanche, Hong Kong et Singapour n'ont pratiquement aucune réglementation sur les échanges commerciaux.

Nous pensons que ces pays, en particulier Taiwan et, à une moindre échelle, la Corée, devraient chercher à réduire largement leurs excédents de la balance des comptes courants dans les trois à cinq années à venir. Ces pays ont connu en matière de développement économique, au cours des vingt dernières années, les résultats les plus enviables du monde. Rien n'empêcherait qu'ils continuent d'augmenter leurs exportations rapidement. Toutefois, compte tenu de leur revenu par tête relativement bas, de la rentabilité impressionnante des investissements nationaux et des menaces pesant sur la stabilité de leurs monnaies du fait des énormes excédents qu'ils continuent d'avoir, il serait économiquement et politiquement déraisonnable de conserver de si larges excédents (dépassant à présent 20 % du PNB à Taiwan, et 8 % en Corée). Ces pays ont donc besoin d'accroître notablement la masse des importations et de diriger une partie de la production vers le marché intérieur.

Trois trains de mesures paraissent appropriés à leur cas. Premièrement, il reste un long chemin à parcourir sur la voie de la libéralisation des échanges à Taiwan et en Corée. Des tarifs douaniers élevés et des barrières non tarifaires étendues sont anachroniques chez des exportateurs aussi dynamiques, à la fois d'un point de vue économique et du fait que de nombreux pays industrialisés menacent de limiter l'accès de leurs marchés à leurs produits. L'expérience de Hong Kong illustre l'intérêt, si l'on veut éviter les réactions protectionnistes à l'étranger, de préserver un commerce libéral chez soi.

Deuxièmement, il y a dans tous ces pays un énorme potentiel d'accroissement de l'investissement national et donc de la demande intérieure. Par exemple, Taiwan a besoin de nouveaux programmes étendus de lutte contre la pollution, d'une extension du réseau autoroutier, d'une amélioration des équipements éducatifs et sanitaires ainsi que d'un système d'assurance sociale — et ne devrait donc plus exporter la moitié de son épargne. Il est tout à fait possible de maintenir une croissance rapide dans ces pays tout en réorientant l'économie de façon à ne plus reposer sur les excédents commerciaux. Loin de nous la pensée de critiquer les taux d'épargne élevés de ces pays (ou du Japon), mais nous estimons qu'il faut favoriser l'utilisation de cette épargne au niveau national, non seulement dans leur intérêt mais aussi pour améliorer l'équilibre international.

Troisièmement, pour compléter ces mesures, il faudra sans nul doute réévaluer encore leurs monnaies. L'absence d'une réévaluation suffisante jusqu'à présent a freiné l'ajustement international, car ces pays ont raflé des parts de marché au Japon (et dans une moindre mesure à l'Europe) en raison de l'affaiblissement de leurs monnaies par rapport à celles de ces régions.

Ces hausses de parités devraient être interprétées comme l'une des rémunérations — en termes de niveaux de vie élevés et de moindre inflation — de leur dur travail et de leur développement réussi. Les exemples du Japon et de l'Allemagne prouvent clairement que des monnaies plus fortes ne sapent pas inévitablement la compétitivité internationale à long terme : elles ne le feraient assurément pas dans ces pays.

Taux de change

On apprécie encore très mal les effets des politiques d'ajustement adoptées jusqu'à ce jour, l'impact des mesures supplémentaires suggérées ici et la nature des changements de politique qui seront choisis. Ce serait donc une erreur que de vouloir stabiliser à l'heure actuelle le cours des monnaies. Toutefois, si toutes les mesures recommandées ici sont appliquées promptement et consciencieusement, l'ajustement indispensable pourra selon nous être effectué sans nécessiter plus que des réaménagements mineurs des taux de change [1].

Les monnaies des nouveaux pays industrialisés d'Asie, le mark, dans le cadre du Système Monétaire Européen, et le yen devront peut-être être encore réévalués. Selon nos prévisions, le dollar, en termes effectifs, se situe dans une fourchette de 10 % par rapport à un niveau compatible avec les objectifs d'ajustement exposés plus haut.

Simultanément, il serait tout à fait néfaste que le dollar s'effondre — réagissant excessivement à la baisse comme il l'avait fait si fortement à la hausse dans la première moitié des années quatre-vingt. C'est pourquoi nous pensons que les autorités monétaires des pays concernés devraient, sur la base de deux critères essentiels, marquer fermement leur intention de résister à une nouvelle dépréciation importante du dollar. Ces critères sont : l'adoption par les États-Unis et les pays à excédents commerciaux d'un train de mesures convaincantes dans l'esprit des propositions présentées ici ; et un engagement de la Réserve fédérale à s'astreindre à suivre une politique monétaire non inflationniste en maintenant un différentiel adéquat des taux d'intérêt favorable au dollar pendant autant de temps qu'il

1. Au moment où cette déclaration a été rédigée, le dollar valait 133 yens et 1,66 mark et le taux effectif du dollar sur la base des calculs du FMI était de 101,5 (pour une valeur de 100 en 1980).

le faudra pour rétablir la confiance dans les marchés des changes.

Nous tenons à souligner que nous ne suggérons nullement que le dollar doit être maintenu à une valeur nominale précise pendant une période donnée, dans la mesure où il faudra peut-être revoir les niveaux de soutien convenus pendant le processus d'ajustement.

Si les mesures proposées ici ne sont pas largement adoptées, le dollar pourrait baisser encore beaucoup plus et toute tentative pour enrayer cette plongée demeurerait alors vaine. D'après nous, une nouvelle dégringolade du dollar n'aurait pas d'effet constructif sur l'effort d'ajustement.

Comme bien des pays l'ont appris à leurs dépens ; une dépréciation monétaire qui ne s'accompagne pas de mesures vigoureuses en vue de ralentir la demande intérieure mène droit à une nouvelle dépréciation. Une nouvelle chute du dollar pourrait, en augmentant l'inflation en Amérique et le risque de récession ailleurs, et en continuant de saper la confiance dans la monnaie clef du monde, conduire à une crise financière et à une grave récession mondiale. C'est bien parce que nous apprécions ces dangers que nous sommes convaincus que les mesures nationales préconisées ici seront tellement profitables tant aux pays concernés qu'à l'ensemble de l'économie mondiale.

Quels que doivent être les taux de change requis pour corriger les déséquilibres d'aujourd'hui, les variations brutales de parités que nous avons connues dans les années quatre-vingt — qui ont donné naissance à des décalages énormes et nécessitent à présent des réajustements considérables dans la direction opposée — démontrent clairement que le Système Monétaire International doit être amélioré. De même que nous ne souhaiterions pas voir le dollar atteindre un niveau trop bas, nous ne désirons pas qu'il remonte prématurément avant que le réaménagement essentiel des comptes courants n'ait eu le temps de se mettre en place et de s'enraciner.

Ainsi, pendant que les efforts de réajustement se poursuivent, il faut persuader les hommes d'affaires en Amérique et dans les pays excédentaires que le cycle de fluctuations monétaires excessives qui sévit depuis 1973 a été vaincu et qu'une configuration raisonnable des taux de change réels peut être, et sera, maintenue à moyen terme. Ceci est indispensable pour ancrer sur une base plus solide les décisions d'investissement à long terme qui s'imposent afin de consolider le processus d'ajustement et de favoriser un commerce mondial en expansion, fondé sur l'avantage comparatif authentique.

Toute tentative d'amélioration du Système Monétaire International devra donc avoir pour objectif de limiter l'ampleur des fluctuations monétaires futures, d'éviter les décalages marqués et de minimiser toute variabilité inutile. Elle devra s'efforcer de préserver au maximum la liberté des échanges de biens et services et de capitaux. Enfin, elle devra réussir à peser suffisamment sur les politiques économiques nationales pour que s'établisse entre elles une compatibilité suffisante pour éviter l'apparition de déséquilibres majeurs.

Plusieurs voies peuvent être suivies pour réaliser cette réforme monétaire. Certains d'entre nous sont favorables à la création d'un système de zones-cibles après l'établissement d'une configuration supportable de taux de change et sa validation par les marchés. Quelle que soit la voie adoptée, il est primordial que le système, tout en étant conçu pour favoriser l'adoption de politiques nationales compatibles entre elles, ne tende pas à fixer les taux de change à des niveaux incompatibles avec les politiques nationales effectivement choisies. Comme nous l'avons souligné, les hommes d'affaires du monde entier ont besoin de s'appuyer sur des taux de change réels plus stables pour bâtir leurs stratégies d'investissement à l'intérieur et à l'étranger. Mais les efforts de stabilisation des taux de change ne peuvent apporter cette sécurité que s'ils sont associés à une volonté sincère des gouvernements de mettre en œuvre des politiques macroéconomiques compatibles avec cette stabilité accrue.

Le monde a connu une série de crises d'ampleur croissante aussi bien sous le régime des taux fixes instauré à Bretton Woods que sous celui des taux flottants mis en place depuis 1973. On doit pouvoir faire mieux. On a en effet fortement tendance à oublier le système quand la crise s'est éloignée. Aussi insistons-nous pour que l'on fasse preuve de plus de clairvoyance cette fois-ci.

Commerce et endettement

La crise actuelle exige aussi que l'on s'efforce de rechercher des solutions constructives pour enrayer la montée régulière du protectionnisme et écarter les menaces persistantes créées par l'endettement du Tiers-Monde.

Dans le domaine du commerce, il est primordial que les États-Unis rejettent toute législation à caractère protectionniste. Assurément, si les États-Unis avaient recours à une telle législation, ils commettraient une folie sans nom au moment précisément où leur compétitivité s'améliore et où ils cherchent à combler un trou de 150 à 200 milliards de dollars dans leur balance commerciale, car d'autres pays moins prospères qu'eux et qui doivent à présent accepter une dégradation importante de leur situation commerciale adopteraient certainement des mesures de rétorsion.

Au-delà des aspects liés aux politiques commerciales, le vote des lois de ce genre pourrait à nouveau déstabiliser les marchés financiers, comme au début de 1987 quand le dollar s'est effondré à l'occasion à la fois des mesures de rétorsion contre le Japon pour les semi-conducteurs et du vote par la Chambre des Représentants de l'amendement Gephardt. Une flambée de protectionnisme dans le pays le plus puissant du système, et qui s'est toujours fait le défenseur du libre échange, réveillerait le spectre effrayant des années trente.

Sur un plan plus positif, tous les grands pays doivent respecter scrupuleusement l'accord pour le *statu quo* (Standstill Agreement) de septembre 1986 contre les nouvelles barrières commerciales. Simultanément, ils doivent faire avancer aussi vite que possible les négociations de l'Uruguay Round, afin de renforcer la compétence du GATT pour qu'il puisse traiter le nombre croissant de litiges commerciaux opposant ses membres et rédiger de nouvelles règles sur la résolution des conflits commerciaux dans des domaines qui échappent au GATT (à savoir l'agriculture, les services et l'investissement).

Il sera également tout à fait souhaitable que des efforts plus importants soient consentis pour réformer la politique agricole commune de la CEE, ce qui serait extrêmement profitable à l'Europe et aux exportateurs agricoles les plus efficaces dans le monde.

Sur le plan de l'endettement, il est essentiel que le flux de ressources extérieures vers les pays en développement s'accroisse substantiellement pour les aider à rétablir des taux de croissance économique acceptables tout en continuant à servir leur dette. Il faut donc que les pays industrialisés trouvent des moyens d'acheminer des masses plus grandes de capitaux vers les pays débiteurs qui sont capables d'en tirer un parti productif. Il n'y va pas seulement de l'intérêt des débiteurs et des créditeurs, mais le monde en voie de développement pourrait ainsi, comme nous l'avons déjà fait remarquer, apporter au moins sa modeste contribution à l'effort mondial d'ajustement.

Il est particulièrement important que le Japon, avec son énorme excédent des comptes courants, accroisse notablement le volume et la part concessionnelle de ses transferts vers les pays en développement afin d'accélérer leur croissance et, notamment par l'intermédiaire de l'Amérique latine, d'aider indirectement à réduire le déficit commercial américain.

Comme la plus grande part de l'excédent japonais revient au secteur privé et non au gouvernement, les mesures officielles destinées à favoriser ce recyclage devront peut-être comporter des incitations fiscales et des garanties partielles afin de réacheminer les fonds dans la direction souhaitée.

Ces propositions pour le commerce et l'endettement se renforcent mutuellement, comme avec les politiques nationales recommandées plus haut. Si le commerce amorce une reprise, les pays débiteurs (et les pays récemment industrialisés d'Asie) reprendront confiance dans les chances de réussite de leurs stratégies commerciales tournées vers l'exportation. L'amélioration progressive de l'endettement diminuera le risque d'assèchement des crédits commerciaux qui contraindrait davantage le commerce mondial, avec des conséquences néfastes sur le processus global d'ajustement, et réduira les menaces plus générales qui pèsent sur le système financier mondial. Le maintien d'une croissance mondiale régulière, joint à un dollar plus bas, serait extrêmement profitable aux pays débiteurs surtout si, parallèlement, les taux d'intérêt réels baissaient. Tous ces remèdes font partie du catalogue des mesures indispensables pour que les marchés financiers mondiaux reprennent confiance et que s'ouvrent pour l'économie mondiale des perspectives de stabilité.

Conclusion

Comme nous l'avons précisé au début de cette déclaration, les marchés financiers ont par deux fois attiré notre attention en tirant la sonnette d'alarme sur la nécessité de corriger les déséquilibres fondamentaux présents aujourd'hui dans le monde. Les mesures à prendre doivent être d'une ampleur appropriée.

Des demi-mesures ne suffiront pas. D'ailleurs, plus on attendra pour intervenir, plus les solutions que l'on devra adopter pour calmer les marchés prendront des proportions démesurées. Le prix à payer augmentera rapidement tant que la mise en œuvre d'actions efficaces sera retardée.

Soulignons également la complémentarité de nos propositions qui se renforcent mutuellement aux niveaux géographique aussi bien que fonctionnel. Sur le plan géographique, le double déficit des États-Unis pose le problème — industrialisé ou en passe de l'être — de participer chacun à l'effort général pour que l'ajustement réussisse. Du point de vue fonctionnel, il est essentiel de mener l'offensive sur plusieurs fronts : politiques nationales, budgétaires et monétaires, taux de change, commerce et endettement. Le problème, de par sa nature, touche tous les pays et tous les domaines critiques et ne peut être résolu que par une panoplie tout aussi universelle de remèdes.

Depuis le 19 octobre, des pas ont été effectués dans la bonne direction tant aux États-Unis que dans les régions à excédents. Mais ils ne vont pas assez loin, tant s'en faut. Aucune réunion internationale ne peut pallier l'insuffisance des politiques nationales. A moins d'une action décisive pour extirper les déséquilibres à la racine, les prochaines années pourraient bien être les plus troublées depuis les années trente.

LISTE DES SIGNATAIRES

Michel ALBERT, président du Centre d'Études Prospectives et d'Informations Internationales (CEPII), France ; Victor ARGY, professeur d'économie, Université de Macquarie, Australie ; C. Fred BERGSTEN, directeur de l'Institute for International Economics, ancien secrétaire adjoint pour les Affaires internationales au département du Trésor, États-Unis ; Bary BOSWORTH, directeur de recherche, Brookings Institution, ancien directeur du Conseil des salaires et de la stabilité des prix à la Maison-Blanche, États-Unis ; William R. CLINE, directeur de recherche, Institute for International Economics, États-Unis ; Richard N. COOPER, professeu d'économie à l'Université Harvard, ancien sous-secrétaire aux Affaires économiques au département d'État, États-Unis ; David A. CURRIE, p ofesseur d'économie, Queen Mary College, Université de Londres et Centre pour la recherche en économie politique, Grande-Bretagne ; Thierry de MONTBRIAL, directeur de l'Institut Français des Relations Internationales (IFRI), France ; Rimmer de VRIES, Senior, vice-président, Morgan Guaranty Trust, États-Unis ; Rudiger DORNBUSCH, professeur d'économie, Massachusetts Institute of Technology (MIT), États-Unis ; Jacques DREZE, professeur d'économie à l'université catholique de Louvain, président du Groupe de politique macroéconomique au Centre pour les études de politique européenne, Belgique ; Herbert H. GIERSCH, professeur à l'Institut pour l'économie mondiale, Université de Kiel, République fédérale d'Allemagne ; David D. HALE, premier vice-président et économiste en chef, Kemper Financial Services, États-Unis ; John F. HELLIWELL, professeur d'économie à l'Université de Colombie britannique, Canada ; Peter B. KENEN, professeur d'économie et de finance internationale à l'Université de Princeton, États-Unis ; Lawrence R. KLEIN, professeur d'économie et de finance à l'Université de Pennsylvanie, prix Nobel d'économie en 1980, États-Unis ; Bon-Ho KOO, président de l'Institut de développement, Corée du Sud ; Edmond MALINVAUD, professeur au Collège de France, ancien directeur général de l'INSEE, France ; Paul W. McCRACKEN, professeur émérite à l'Université du Michigan, ancien chef des conseillers économiques de la Maison-Blanche, États-Unis ; Stephen MARRIS, directeur de recherche à l'Institute for International Economics, ancien conseiller économique au secrétariat général de l'OCDE, Grande-Bretagne ; Marcus H. MILLER, professeur d'économie à l'Université de Warwick et au Centre pour la recherche en économie politique, Grande-Bretagne ; Isamu MIYAZAKI, président de l'Institut de recherche Daiwa, ancien vice-ministre, Agence de Planification Économique (EPA), Japon ; Franco MODIGLIANI, professeur au Massachusetts Institute of Technology (MIT), prix Nobel d'économie en 1985, États-Unis ; Richard O'BRIEN, économiste en chef à l'American Express Bank, Grande-Bretagne ; Saburo OKITA, président de l'Institut pour les études de politique domestique et internationale, ancien ministre des

Affaires étrangères, Japon ; Rudolph PENNER, directeur de recherche à l'Urban Institute, ancien directeur du bureau du budget au Congrès, États-Unis ; Jesus SILVA-HERZOG, ancien ministre des Finances, Mexique ; Mario Henrique SIMONSEN, directeur de l'École d'économie à la Fondation Getulio-Vargas, ancien ministre des Finances et du Plan, Brésil ; Luigi SPAVENTA, professeur d'économie à l'Université de Rome, ancien député, Italie ; S.C. TSIANG, président de l'Institut Chung-Hua pour la recherche économique, Taiwan ; Manfred WEGNER, directeur de l'Institut pour la recherche économique (IFO) à Munich, ancien directeur général adjoint à la Commission des Communautés européennes, République fédérale d'Allemagne ; John WILLIAMSON, directeur de recherche à l'Institute for International Economics, Grande-Bretagne ; Masaru YOSHITOMI, directeur de l'Institut de recherche de l'Agence de Planification Économique (EPA), ancien directeur du département des études économiques de l'OCDE, Japon.

ANNEXE II

Extrait du « Rapport d'étape »

de la Commission de réflexion économique pour la préparation de l'échéance de 1992, présidée par Marcel Boiteux (p. 38 et 39)

Certes, le système des conventions fiscales devrait tendre à limiter, sinon à interdire, cette évasion potentielle. On constate aujourd'hui que la majorité des non-résidents préfère déjà ne pas demander le bénéfice de ces conventions et accepte le régime, pourtant moins favorable, des retenues à la source de droit interne. Ces dernières fonctionnent donc en fait comme des prélèvements libératoires.

Le problème de la délocalisation de l'épargne des particuliers se résume donc très simplement, dans sa composante fiscale, en une concurrence entre la fiscalité des résidents et la fiscalité des non-résidents, cette dernière considérée comme libératoire [1].

L'alignement de la position française pourrait être recherché en renonçant dans notre pays aux pratiques du relevé de coupon, ou plus généralement à la déclaration par des tiers.

Mais cette mesure reviendrait à instituer une inégalité diffici-

1. Les mesures fiscales d'encouragement à l'épargne poseront, quant à elles, des problèmes d'application. Si elles doivent également bénéficier à des produits d'épargne étrangers entrant dans le patrimoine de résidents français, il conviendra d'inclure dans les bases d'imposition nationales les sommes correspondantes lorsque les conditions ouvrant droit à ces mesures d'encouragement cesseront d'être respectées.

lement supportable dans la connaissance des revenus; elle pourrait remettre en cause à son tour le principe de la déclaration par des tiers des revenus salariaux eux-mêmes.

Elle aurait au surplus un coût budgétaire probablement considérable si l'on se réfère à l'expérience de certains pays voisins qui n'ont pas mis en vigueur la déclaration par les tiers de ces revenus financiers.

En tout état de cause, la logique d'un alignement « par le bas » est en soi dangereuse, à la fois pour les équilibres budgétaires internes et pour le processus d'harmonisation européenne.

En sens inverse, on pourrait songer à une affirmation du principe de la territorialité de l'impôt, prenant la forme, dans tous les pays membres, d'une généralisation de l'obligation de déclaration par les tiers — banques et établissements financiers — des revenus versés aux non-résidents.

Mais une telle conception rencontrera de sérieuses oppositions de la part de pays qui font aujourd'hui de la non-déclaration de ces revenus un élément essentiel de leur politique d'épargne, ou de ceux qui font du secret bancaire un dogme intangible, ou enfin de tous ceux qui ne manqueront pas d'objecter le coût élevé de la mise en œuvre de tels systèmes de déclaration.

Dans ces conditions, la solution appropriée est celle d'une généralisation de la procédure de retenue à la source et d'un rapprochement concerté des taux d'imposition des non-résidents et des résidents en Europe qui permette de neutraliser les facteurs fiscaux de délocalisation, et dont la négociation devrait être coordonnée avec celle de l'espace financier européen.

En outre, cette approche — qui sera détaillée ci-après selon les différents types de revenus (dividendes, intérêts, plus-values) — est la seule qui offre une réponse acceptable, bien qu'imparfaite, au problème de la fuite des capitaux hors d'Europe.

En effet, la fiscalité actuellement en vigueur pour les capitaux versés à des personnes physiques non résidentes est, au Japon comme aux États-Unis, assez proche du schéma qui va être proposé ci-après ; les divergences d'imposition seraient donc limitées.

Enfin, la libre prestation de services, contrairement à la libération des mouvements de capitaux, n'est pas *erga omnes.* Les institutions financières japonaises ou américaines ne seront pas en mesure de proposer leurs produits financiers, sauf à le faire à partir de leurs établissements européens, soumis par définition aux règles fiscales européennes.

Février 1988

Table

ANNEXES

Cet ouvrage a été réalisé sur
Système Cameron
par la SOCIÉTÉ NOUVELLE FIRMIN-DIDOT
Mesnil-sur-l'Estrée
pour le compte de France Loisirs
le 23 décembre 1988

Imprimé en France
Dépôt légal : décembre 1988
N° d'édition : 14565 – N° d'impression : 11000